D1665972

Jürgen Hermann

MEINE LIEBLINGSWITZE

Von zartrosa bis tiefschwarz

Hermann

Die Deutsche Nationalbibliothek verzeichnet diese Publikation in der Deutschen Nationalbibliografie; detaillierte bibliografische Daten sind im Internet über http://dnb.dnb.de abrufbar.

Illustration: Ralf Alex Fichtner - nach Vorlagen von Jürgen Hermann
Cover-Illustration: Jürgen Hermann
Printed in the EU

ISBN 978-3-940860-07-1

www.verlag-rh.de

Inhaltsverzeichnis

Vorwort

Liebe Leserinnen und Leser,

Endlich einmal komme ich dazu, diesen lang geplanten Band fertigzustellen. Obwohl ich bereits einige Bücher geschrieben habe, kennen mich die meisten sicher als Sänger der Pöhlbachmusikanten.
In dieser Eigenschaft bin ich schon seit vielen Jahren im Erzgebirge und oft auch darüber hinaus unterwegs. Bei unseren TV-Auftritten und Gastspielen in den Hotels unserer Region habe ich auch viele Menschen aus anderen Bundesländern - von Bayern über Nordrhein-Westfalen bis hoch nach Hamburg - kennen und schätzen gelernt.
In unseren Veranstaltungen kommt der Humor sowohl in der Musik als auch bei den Moderationen nie zu kurz. Viele Jahre lang habe ich den Menschen „aufs Maul" geschaut, Witze aus allen Teilen Deutschlands gesammelt, umformuliert und als kleine Geschichten in die Moderation eingebaut. Viele begeisterte Gäste erzählten mir am Ende der Veranstaltung dann auch Witze aus ihrer Region.
Eines fiel mir dabei aber häufig auf. Gerade Menschen mit einer bestimmten Behinderung sind selbst oft um keinen Witz verlegen und wollen nicht immer nur bemitleidet werden. Genauso verhält es sich bei älteren Menschen. Von denen habe ich zum Teil Witze erfahren, die selbst mir die Schamröte ins Gesicht treiben.
Auch von Krankenschwestern, Ärzten und Altenpflegerinnen habe ich Witze vom Feinsten gehört. Auf meine diesbezüglichen Fragen bekam ich immer wieder die gleiche Antwort: Solche harten Jobs sind ohne eine gewisse Portion Humor nur schwer durchzuhalten.
Auf den vielfachen Wunsch unserer Gäste hin habe ich in diesem Buch nun einen Teil meiner Witze zusammengetragen. Der Inhalt ist weder frauen- noch männerfeindlich und reicht vom harmlosen „Schmunzelwitz" über den „Brüller" bis zum brutalen schwarzen Humor - eben alles, was ein tolerantes Herz vertragen sollte.
In diesem Sinne wünsche ich viel Spaß beim Lesen und Lachen.

Euer Jürgen Hermann

Neulich beim Arzt

Sie zu ihm: „Gottfried, wieso hat der Arztbesuch so lange gedauert?"
„Ich musste heute Blut, Sperma, Urin und Stuhl abgeben. Außerdem musste ich überall warten."
„Blut, Sperma, Urin und Stuhl? Hättest Du doch deine Unterhose abgegeben. Da ist doch alles drin und Du wärst nicht so lange unterwegs gewesen!"

Ein junger Mann hatte bei einem Unfall sein bestes Stück eingebüßt. Der behandelnde Chirurg empfahl die Transplantation eines Gänsehalses, eine Methode, die gerade in der Testphase war. In seiner Not stimmte der Patient zu.
Ein halbes Jahr nach der Operation kam es zur Nachuntersuchung. -
„Na junger Mann, wie sind Sie mit dem guten Stück zufrieden?"
„Oh, eigentlich ganz gut. Meine Frau ist begeistert. Einen Nachteil hat das Ganze allerdings. Alle drei Wochen muss ich ihn rupfen!"

Arzt: „Ihr Herz schlägt unregelmäßig. Trinken Sie?" „Aber ja, Herr Doktor. Sogar sehr regelmäßig!"

Der Arzt zum Privatpatienten: „Gut, dass ich Sie treffe. Ihr Scheck ist als ungedeckt zurückgekommen." „Schon recht, Herr Doktor, mein Rheuma nämlich auch!"

Paul Lehmann zum Hausarzt: „Herr Doktor, ich war dreißig Jahre keinen einzigen Tag krank. Jetzt möchte ich einen Krankenschein für vierzehn Tage, weil ich meine Wohnung endlich einmal renovieren muss." Der Doktor schaut ihn lächelnd an und erkennt die Situation: „Dreißig Jahre waren Sie nicht krank? Erstaunlich! Ich will Ihnen ja gerne helfen, aber ich muss doch einen Befund auf den Schein schreiben." Er zwinkert Paul vielsagend zu und meint: „In Ihrem Alter haben Sie sicher irgendwann einmal Kopfschmerzen."

„Nein!", beteuert Paul sofort. „Ich bin kerngesund! Jeden Morgen vierzig Liegestütze und dreißig Kniebeuge, da lasse ich keine Luft ran."

„Aber irgendein Ziehen in den Gelenken hat doch jeder mal.", meint der Arzt schon etwas ratlos. „Ich nicht, weil ich noch einer vom alten Schlag bin!", fügt Paul stolz hinzu.

Der Arzt sagt schließlich zur Sprechstundenhilfe: „Holen Sie mir bitte den Urin von der letzten Patientin aus dem Labor." Dann reicht er Herrn Lehmann die Urinschale und meint: „Kosten Sie doch mal!" Paul entrüstet: „Ich trinke doch keinen Urin!" Der Doktor: „Da haben wir's ja - Appetitlosigkeit!"

Ein junger Mann stürmt in die Arztpraxis: „Herr Doktor, ich möchte schnell kastriert werden, weil ich gleich mit meiner Freundin ins Kino gehen will."

„Haben Sie und ihre Partnerin sich diesen Eingriff denn auch genau überlegt?", fragt der Arzt verwundert. „Na klar! Hauptsache, es geht schnell." Der Arzt entspricht dem Wunsch.

Als der junge Mann wieder zu seiner Freundin kommt, fragt sie ihn: „Warum hat denn das Impfen so lange gedauert?" Der junge Mann erstaunt: „Ach IMPFEN!? Ich kam nicht auf das Wort..."

Als sie von seiner Behandlung erfährt, schickt sie ihn entsetzt in die Praxis zurück. Der Arzt betäubt ihn wieder, stellt aber fest, dass die Hoden bereits entsorgt wurden. Da keine anderen Transplantate vorhanden sind, setzt er ihm kurzerhand zwei rohe Kartoffeln ein.

Nachuntersuchung nach einem halben Jahr: „Na wie geht es so?" „Ach, eigentlich ganz gut. Eines ist aber merkwürdig, Herr Doktor. Dort, wo ich früher Filzläuse hatte, tummeln sich jetzt Kartoffelkäfer!"

Ein Arzt ruft seinen Kollegen an: „Du, die Kassen machen ja immer mehr Druck. Was verschreibst Du denn so, um einzusparen?" - „Naja, jetzt bei dem Schmuddelwetter hat jeder zweite Husten. Da verschreibe ich Rizinusöl. Das ist sehr kostengünstig." - „Ja, aber das hilft doch gar nicht?" - „Sicher, aber die Patienten trauen sich nicht mehr zu husten!"

Eine Liliputanerin kommt hüpfend wie ein Frosch zum Frauenarzt. Der Gynäkologe lächelt und meint: „Ich habe Ihnen doch gleich gesagt, dass eine normale Spirale für Sie zu lang ist!"

Ein Arzt hält nicht viel von langen Behandlungen und fertigt die Patienten immer so schnell ab, wie im nachfolgenden Beispiel:
Bei Husten: „Rauchen Sie?" - „Ja" - „Aufhören zu rauchen!"
Bei Schwindelgefühl: „Trinken Sie?" - „Ja" - „Aufhören zu trinken!"
Bei Vogelgrippeverdacht: „Aufhören!"

Im neu eröffneten Krankenhaus wurden drei Patienten zwangsweise wegen Gelbsucht in die Isolierstation eingewiesen. Nach drei Wochen kam heraus, das es sich um eine Delegation chinesischer Ärzte handelte.

Die 82-jährige Patientin Frau Maier behauptet steif und fest, dass ihre Regelblutung wieder eingesetzt habe. Nach eingehender Untersuchung entschuldigt sich der Arzt höflich: „Liebe Frau Maier, ich bin untröstlich! Ihnen wurde vor 45 Jahren eine Spirale eingesetzt, die aber versehentlich noch nicht wieder entfernt wurde. Das werden wir jedoch sofort nachholen, denn sie fängt schon an zu rosten!"

Der Doktor fragt den offensichtlichen Alkoholiker: „Trinken Sie viel, Herr Schreier?" Der Patient streckt dem Doktor seine zitternde Hand entgegen und antwortet: „Nein, Herr Doktor, das meiste schütte ich daneben!"

„Herr Lehmann, Sie sind so gesund, Sie werden mindestens 70 Jahre alt." „Ja, aber Herr Doktor - Ich bin doch schon 80." - „So? Da können Sie mal sehen, dass auf meine Diagnose immer Verlass ist!"

„Herr Doktor, mein Mann behauptet, ich habe einen Pferdearsch. Können Sie mir helfen?" Der Arzt schaut sich die Frau an und sagt dann: „Ich kann dazu nichts sagen, da ich mich mit Pferden nicht auskenne. Ich habe Ihnen eine Überweisung an einen Tierarzt ausgeschrieben." Nachdem der Veterinärmediziner den Bericht gelesen hat, schaut er sich das Riesenteil an und meint: „Tatsächlich, ein Pferdearsch! Ich stelle Ihnen etwas aus." - „Welches Medikament haben Sie mir denn aufgeschrieben?" - „Keines - nur eine Genehmigung, dass Sie mit Ihrem Pferdearsch straffrei auf die Straße scheißen dürfen!"

Der Doktor zum Patienten: „Na, wie geht's uns denn heute, Herr Leicht?" „Rostfrei, Herr Doktor, rostfrei!" „Was soll denn das heißen?" „Ja nun, glänzend!"

Steffi zu ihrer Freundin Katrin im Wartezimmer: „Zur Diagnosen der Patienten, die hier aus dem Sprechzimmer kommen, brauche ich keinen Arzt." „Das glaube ich Dir nicht.", erwidert Katrin. Darauf Steffi: „Der zum Beispiel - leicht nach vorn gebeugt - hat sicher Spondylose im ersten Stadium!" Der Mann wird befragt und bestätigt, dass der Arzt exakt diese Diagnose gestellt habe. „Das war sicher nur Zufall", meint Katrin.
Steffi deutet auf den nächsten Patienten, der gerade das Sprechzimmer verlässt. Er ist noch etwas weiter nach vorn gebeugt. „Spondylose im zweiten Stadium." Der Patient bestätigt erstaunt die diesbezügliche Nachfrage von Steffi. Katrin ist verblüfft.
Als erneut ein Patient aus dem Sprechzimmer kommt, der so tief gebeugt geht, dass sich sein Kopf auf Höhe seiner Knie befindet, meint Katrin spontan: „Dafür brauch ich deine Diagnose nicht. So wie der

läuft, kann er nur Spondylose im dritten Stadium haben." Der Mann hört das und antwortete: „Nein meine Damen. Ich habe Hämorrhoiden und die soll ich im Auge behalten!"

Ein junger Mann kommt in eine Apotheke und fragt den Apotheker: „Haben Sie einfachen Zucker?" - „Ja" - „Geben Sie mir bitte einen Teelöffel davon."
Als der junge Mann den Löffel mit Zucker bekommt, nimmt er ein kleines Fläschchen aus seiner Tasche, träufelt einige Tropfen daraus auf den Zucker und reicht dem Apotheker den Löffel: „Kosten Sie mal, wonach das schmeckt." Der Apotheker probiert und antwortet: „Süß, warum?" Daraufhin der junge Mann: „Also doch! Ich sollte meinen Urin nämlich zur Sicherheit einmal auf Zucker testen lassen!"

„Herr Doktor, wie kann ich über hundert Jahre alt werden?" - „Rauchen Sie, trinken Sie Alkohol, haben Sie viel Sex oder essen Sie übermäßig?" Nachdem der Patient alles verneint, fragt ihn der Arzt erstaunt: „Und weshalb wollen Sie dann so alt werden?!"

Stationsarzt zur blonden Schwesternschülerin: „Haben Sie Frau Bitterlich das Blut schon abgenommen?" - „Ja, Herr Doktor, aber mehr als fünf Liter habe ich nicht herausbekommen!"

Ein junger Mann klagt beim Arzt über starke Genitalschmerzen, die er schon seit Monaten habe. Der Arzt bittet ihn, sich auf einen Stuhl zu stellen und die Hose herabzulassen. Entsetzt fragt ihn der Doktor dann: „Um Himmels Willen, warum kommen Sie damit denn erst jetzt? Ihren Penis können wir im Prinzip aufgeben." Erschrocken erwidert der Patient: „Soll das etwa Amputation heißen?" Darauf der Arzt: „In diesem Stadium ist das nicht mehr nötig. Springen Sie doch einfach von diesem Stuhl, dann fällt er von ganz allein ab!"

Im Kreißsaal: „Wollen Sie, dass Ihr Mann bei der Geburt dabei ist?"
„Ach, nicht unbedingt. Als das Kind gezeugt wurde, war er ja auch
nicht anwesend..."

※

„Herr Doktor. Mein Bräutigam ist altmodisch. Er will in der Hochzeitsnacht unbedingt Blut sehen. Ich war aber schon einmal verlobt.
Können Sie mir helfen?" Der Doc willigt ein und operiert.
Zur Nachuntersuchung: „Herr Doktor, es war kolossal! Er hat geblutet,
ich hab geblutet" - Darauf der Doc: „Dann kann ich die Rasierklinge
ja auch wieder entfernen!"

※

Die Hebamme des Krankenhauses teilt einem älteren Mann vor dem
Kreißsaal mit, dass seine Frau Drillinge zur Welt gebracht hat. Schon
etwas angetrunken baut er sich vor der jungen Hebamme auf und
meint: „Da können Sie mal sehen, dass mein alter Motor noch ganz
schön rund läuft." Darauf die Hebamme: „Ich würde Ihrem Motor aber
mal einen Ölwechsel empfehlen. Die Babys sind alle drei schwarz!"

※

Paul offenbart seinem Hausarzt, dass er alkoholkrank sei. Dieser rät
ihm, als Therapie einmal zu den Anonymen Alkoholikern zu gehen.
Da protestiert Paul energisch: „Kommt nicht in Frage. Ich trinke doch
nicht mit Leuten, die ich gar nicht kenne!"

※

Ein Mann kommt zur Ärztin und behauptet, seine Vorhaut quietsche,
wenn man sie hin und her bewegt. Die Ärztin bewegt die Vorhaut des
Patienten hin und her und meint: „Ich kann aber gar nichts hören,
junger Mann." Er darauf: „Eben zu Hause hat sie dabei noch fürchterlich gequietscht." Kopfschüttelnd ruft die Ärztin eine junge Kollegin
herbei. Sie bittet sie, die Vorhaut hin und her zu bewegen und dabei
auf quietschende Geräusche zu achten. Die junge Ärztin bemüht sich
ausgiebig, bis der junge Mann nicht mehr an sich halten kann und ihr

auf den weißen Kittel spritzt. Die Ärztin schreit empört: „So geht das aber nicht, junger Mann. Da können Sie ja gleich in den Puff gehen!" Darauf der Patient: „Könnte ich schon, aber das würde die Krankenkasse nicht bezahlen!"

Ein arbeitsloser Gynäkologe fängt nach einer Umschulung bei einem Malerbetrieb an. Nach der ersten Woche fragt der Meister seinen Gesellen, wie sich der Ex-Gynäkologe macht.
„Der ist sehr geschickt. Gestern stand er bei einer Kundin vor verschlossener Haustür. Als die Dame vom Einkaufen zurück kam, hatte er ihren Hausflur schon durch den Briefschlitz gestrichen!"

Eine recht korpulente Krankenschwester zu ihrer Freundin: „Du, ich weiß jetzt, welche Krankheit mich dick macht. Ich habe Alzheimer-Bulimie." - „Was ist denn das?" - „Naja, ich stopfe mich den ganzen Tag mit Essen voll, vergesse aber danach zu kotzen!"

Eine ältere Dame kommt vom neuen, ausgesprochen gut aussehenden Landarzt zu ihrem eifersüchtigen Mann nach Hause. - „Ich musste mich ganz nackt ausziehen. Er meinte, ich habe noch eine Brust, wie eine 18-jährige." - Darauf ihr Mann: „Hat er auch von deinem 70 Jahre alten, dicken Arsch gesprochen?"- Sie: „Nein, von Dir haben wir gar nicht geredet."

Eine hochrangige Krankenhausdelegation wird vom Chefarzt durch die Station geführt. In Zimmer 1 bemüht sich eine Schwester gerade, einen Patienten mit der Hand sexuell zu befriedigen. Der ärztliche Direktor ist entsetzt. Der Stationsarzt erklärt die Situation: „Meine Herrschaften, der Patient leidet unter akutem Sperma-Druck. Ihm würde eventuell der Hoden platzen. Deshalb habe ich angeordnet, dass ihm die Schwester täglich auf diese Art Erleichterung verschafft." Die

Delegationsmitglieder staunen über diese eigenwillige Behandlungs-methode. Als die nächste Tür geöffnet wird, bietet sich ein ähnliches Bild. Eine Schwester bedient einen Patienten gerade in gleicher Wei-se, allerdings oral. Ein Professor der Delegation meint empört: „Sind wir denn hier in einem Bordell gelandet?" Darauf der Stationsarzt mit hochrotem Gesicht: „Nein Herr Professor. Hier handelt es sich um das gleiche Krankheitsbild, wie eben. Nur ist dieser Herr hier ein Privat-patient!"

Der Arzt zum Patienten: „Sie gefallen mir aber gar nicht." „Sie sind aber auch nicht gerade der Schönste.", so der Patient. „So meine ich das gar nicht. Sitzen Sie sehr viel?" „Es geht so Herr Doktor. Das letzte Mal war es ein halbes Jahr."

Paul trifft seinen Freund Peter, der ziemlich traurig dreinschaut. Er fragt ihn besorgt, was los sei. Peter lamentiert, er müsse sich jetzt vier Mal täglich spritzen, seine Ernährung umstellen und habe überhaupt das Leben satt, weil sein Arzt Diabetes diagnostiziert habe.
Paul erkundigt sich nach den Anzeichen für diese Krankheit. Peter schildert: „Ich habe es bemerkt, weil sich morgens in meiner Unterho-se immer weiße Flecke befanden." Paul erstaunt: „Wenn die weißen Flecke in deiner Hose wirklich Zucker waren, dann habe ich vermut-lich Zimt..."

Wie lautet der Trinkspruch der Urologen? - PROSTata!

Ein Tierarzt bekommt einen Anruf von einer Frau: „Gleich kommt mein Mann mit unserem Kater zu Ihnen. Geben Sie dem armen eine Spritze, damit er nicht mehr so leiden muss und friedlich für immer einschläft." „Wie Sie wünschen," erwidert der Arzt, „aber findet Ihr Kater denn allein wieder nach Hause?!"

Die Schwesternschülerin kommt aufgeregt zum Stationsarzt: „Herr Doktor, kommen Sie schnell! Unser Simulant aus Zimmer sieben ist eben verstorben." Darauf der Doktor: „Na heute übertreibt er aber wieder!"

Ewald geht zum Hausarzt: „Ich fühle mich in letzter Zeit total abgebaggert." - „Wie viele Stunden schlafen Sie denn etwa am Tag?" - „So drei bis vier Stündchen kommen da schon zusammen.", antwortet Ewald. „Nun, das ist aber etwas zu wenig.", meint daraufhin der Arzt. Ewald ganz erstaunt: „Denken Sie wirklich? Nachts schlafe ich ja auch noch zehn Stunden!"

Einem Patienten aus Dresden, der bei einem Autounfall beide Ohren verloren hatte, wurden zwei Transplantate eines Spenders aus Bonn angesetzt.
Die Schwesternschülerin sollte dem Chirurgen Bescheid geben, wenn sich irgend etwas verändert. Am vierten Tag kam sie ganz aufgeregt ins Ärztezimmer gerannt und rief: „Herr Doktor, kommen Sie schnell. Bei Ihrem Patienten haben die Ohren den Körper abgestoßen!"

Eduard trifft seinen Freund Frieder und erkundigt sich nach dem Befinden. Frieder antwortet wehleidig: „Wie's mir geht? - Sauschlecht! Ich hab Kalk in den Adern, Gallensteine, Nierensteine und Blasensteine." Darauf schaut ihn Eduard lächelnd an und meint: „Wenn Du jetzt noch Zement im Sack hättest, könntest Du Dir billig ein Häuschen bauen!"

Peter Klotz kommt zum Arzt: „Herr Doktor, ich möchte Beruhigungspillen gegen regelmäßigen Stuhlgang. Jeden Morgen fünf Uhr ist es so weit." „Ja, seien Sie doch froh, dass das in Ihrem Alter noch so regelmäßig funktioniert!" „Klar, Herr Doktor, aber ich stehe doch erst um sechs Uhr auf!" Daraufhin bekommt Peter die gewünschten Beruhigungspillen. Nach längerer Zeit trifft ihn der Arzt zufällig im Kaufhaus wieder und erkundigt sich freundlich: „Nun Herr Klotz, haben denn die Beruhigungspillen geholfen?" „Zum Teil.", antwortet Peter. „Ich scheiß zwar immer noch jeden Tag um fünf ins Bett, rege mich aber überhaupt nicht mehr darüber auf."

Nach der erfolgreichen Geburt eines strammen Jungen im Kreißsaal meint die Hebamme: „Na, Frau Behnke, ich glaube da kommt noch ein zweites Baby nach." Daraufhin die junge Mutter: „Was? Da ist das vom Schwager wohl auch schon fertig?!"

Ein Mann kommt zum Augenarzt und legt seine Brille vor ihm auf den Tisch. - Der Arzt: „Na, Ihre alte ist wohl nicht mehr scharf genug?" „Das geht Sie gar nichts an! Ich brauche eine neue Brille!"

Eine Liliputanerin kommt zum Frauenarzt. Aus ihrem Slip schaut oben ein großer Hering heraus. Der Arzt fragt erstaunt: „Was soll das denn?" Sie: „Wenn ich schon so ne Kleine hab, soll sie wenigstens wie eine Große duften!"

Ein Mann kommt zum Gynäkologen gestürmt, schwingt sich auf den Behandlungsstuhl und ruft laut nach dem Doktor. Der erscheint auch sofort und klärt den Mann auf, dass auf diesem Stuhl nur Frauen behandelt werden. Darauf der Mann mit hochrotem Kopf: „Ich bin hier schon richtig. Sie haben meiner Frau gestern eine Spirale eingesetzt. Nun sehen Sie mal zu, wie Sie die schnellstens wieder herunter bekommen!"

Bauer sucht Frau

Der Bauer zu seiner Frau: „Unser neuer Hahn ist stinkend faul. Anfangs hat er ja manchmal noch gekräht, aber in letzter Zeit nickt er nur noch zustimmend, wenn der Hahn vom Nachbarn kräht."

🐕

Zwei Bauern unterhalten sich. Bauer Lehmann: „In diesem Winter ist es mit der Mäuseplage ganz schlimm in meiner Scheune." Darauf Bauer Schulz zum Scherz: „Da musst Du mal nach Moskau auf den Roten Platz fahren. Dort gibt es ein Spezialgeschäft für Mäuse: das Mausoleum."
Nach vierzehn Tagen treffen sich die beiden wieder und Schulz hatte schon gar nicht mehr an den Scherz gedacht. Da erzählt ihm Lehmann voller Ernst: „Wir hatten vielleicht ein Pech in Moskau! Das Spezialgeschäft auf dem Roten Platz haben wir zwar gefunden, aber da stand ja eine riesige Warteschlange davor. Wir haben uns angestellt, aber als wir endlich an die Reihe kamen, war der Verkäufer schon tot!"

🐕

Ein Bauer kauft sich einen neuen Hahn. Als dieser neue Hahn nun auch gleich seinen Harem besteigen will, ruft ihn der alte Hahn hinter die Scheune und meint: „Junger Freund, erfülle mir doch zunächst noch einen letzten Wunsch, bevor ich im Kochtopf lande. Lass uns einen Wettlauf über den Hof machen. Da ich aber nicht mehr so jung und schnell bin wie Du, gib mir einen kleinen Vorsprung. Den holst Du locker wieder auf." Der Neue willigt ein und das Wettrennen beginnt. Plötzlich fällt ein Schuss und der neue Hahn liegt tot am Boden. Darauf der Bauer zu seiner Frau: „Sauerei, das ist schon der vierte schwule Hahn, den sie mir auf dem Markt angedreht haben!"

🐕

Eine Bauersfrau erfährt, dass ein junger Mann aus dem Nachbardorf mit Tieren sprechen kann. Sie bestellt ihn, obwohl ihr Gatte das für Unsinn hält. Der Tierflüsterer kommt also und wird gleich in den Stall geführt. Der Bauer sagt: „Fragen Sie das Pferd doch mal, warum es seit einiger Zeit mit dem linken Vorderhuf lahmt."

Der Bestellte wiehert, das Pferd wiehert zurück und der Tierdolmetscher berichtet: „Es hat sich vor einigen Tagen einen kleinen Stein unter dem Hufeisen eingezogen. Der ist die Ursache." Der Bauer hebt den Huf an und entdeckt tatsächlich einen Stein. Als er ihn entfernt hat, hinkt das Pferd nicht mehr.

„Zufall.", unkt der Bauer und gibt dem Mann eine kompliziertere Aufgabe: „Meine Kuh ist in letzter Zeit sehr nervös, wenn ich sie morgens melke. Sie springt umher und schlägt wild mit den Hinterläufen aus." Der Tierdolmetscher geht wieder ans Werk und unterhält sich mit dem Tier in Kuhsprache. „Klarer Fall.", meint er dann. „Sie sagt, jetzt im Winter hat der Bauer beim Melken immer so kalte Hände. Da erschreckt sie und schlägt aus."

Der Bauer taucht seine Hände in warmes Wasser und siehe da, die Kuh lässt sich brav melken. Erstaunt ruft er seiner Frau zu: „Das kann kein Zufall mehr sein. Dieser Mann kann tatsächlich mit den Tieren sprechen!"

In diesem Moment kommt eine Ziege mit lautem „Mä-ä-ä-ä" in den Stall. Aufgeregt fährt der Bauer hoch und schreit sie an: „Und Du hältst dein Maul! Erstens ist es schon ein Jahr her und zweitens war ich total betrunken!"

Eine ländlich schlicht gekleidete Frau fragt auf der Reeperbahn eine Prostituierte: „Können Sie mir sagen, wo ich auf dieser Strasse einen großen Bauernhof finde?" Da meint die Angesprochene achselzuckend: „Kann ich nicht. Wieso das denn?" Darauf die Bäuerin: „Meine Tochter hat mir geschrieben, dass sie in einem freudigen Haus auf der Reeperbahn in Hamburg tüchtig ackern muss!"

Ein Nachbar kommt aufgeregt zu einem Bauern und berichtet: „Du, ich sag es ja nicht gern, aber deine Frau treibt es auf deinem Feld mit einem wildfremden Mann!" Der Bauer greift sich die Mistgabel und läuft wütend vom Hof. Nach kurzer Zeit kommt er zum Erstaunen des Nachbarn ganz entspannt mit der Mistgabel über der Schulter auf den Hof zurück. Er lacht dem Nachbarn zu, winkt ab und sagt: „Entwarnung - es war doch gar nicht mein Feld!"

�]

Ein Ehepaar aus der Stadt macht Urlaub auf dem Bauernhof. Die Frau beobachtet den Hahn, der fleißig seine Hennen besteigt. Zum Bauern gewandt meint sie: „Ist der Hahn zu faul zum Laufen oder was tut er denn immerzu?" Der Bauer: „Tja, er hat sozusagen Sex mit den Hühnern." Darauf sie: „Wie oft macht der Hahn das am Tag?" - „So zwanzig Mal kommt da zusammen." - Sie zu ihrem Mann gewandt: „Siehst Du Schatz!" Der Mann zum Bauern: „Aber, macht er das denn immer mit der selben Henne?" - „Oh nein, er nimmt sich immer eine andere Henne vor." Darauf der Mann zu seiner Frau: „Siehst Du Schatz!"

🐕

Ein kleiner Junge kommt auf den Bauernhof gelaufen und spricht zum Bauern: „Du Bauer? Raucht dein Pferd?" Darauf der Bauer: „Nein, Du Dummkopf. Wieso?" Der Kleine: „Dann brennt wahrscheinlich deine Scheune!"

🐕

Ein Mann kommt zum Direkteinkauf auf den Bauernhof. Im Stall sagt er zum Jungbauern: „Wir feiern ein Fest und brauchen ein Spanferkel, so zwischen 4 und 6 Kilogramm." Der Bauer greift sich aus den Ferkeln eines und nimmt dessen Ringelschwanz zwischen seine Zähne. Nachdem er das Schweinchen mit seinen Zähnen hin und her geschwenkt hat, nimmt er es wieder auf seinen Arm und meint zum Käufer: „Das hier wiegt genau 5,5 Kilogramm."
Ungläubig fragt der Käufer: „Können Sie das so genau zwischen ihren Zähnen wiegen?" Der Bauer: „Ja, aufs halbe Kilo genau!" Zum Beweis legt er das Schweinchen auf die Waage in der Ecke des Stalles. „Stimmt tatsächlich", staunt der Käufer. Der Bauer: „Meine Frau kann das sogar auf das Gramm genau." Und zum Bauernjungen gewandt:

„Hol mal die Mama, sie soll bitte ein Ferkel wiegen!" Kurz darauf erscheint der Junge wieder in der Tür und ruft: „Das geht jetzt nicht. Die Mama wiegt gerade unseren Nachbarn!"

🐕

Eine Familie aus der Stadt hat Urlaub auf dem Bauernhof gebucht. Die Mutter der Gastfamilie ist über das Plumpsklo entsetzt. In Stöckelschuhen läuft sie über den Hof und ruft nur immer: „Um Gottes Willen, um Gottes Willen!" Der Bauer will sie besänftigen und meint: „Nun beruhigen Sie sich doch. Ein Plumpsklo auf einem Bauernhof ist doch normal." Darauf sie: „Ja schon, aber die vielen Fliegen dort bei dieser Hitze..." Der Bauer antwortet gelassen: „Ach die Fliegen? Das ist kein Problem. Gehen Sie in den nächsten Tagen immer zur Mittagszeit aufs Klo. Dann gibt's dort keine Fliegen. Die sind zu dieser Zeit alle in der Küche!"

🐕

Die Gastfamilie sitzt beim letzten Frühstück vor ihrer Abreise ausnahmsweise mit dem Bauern am Tisch. Sonst hatte diese Aufgabe die Bäuerin übernommen, weil er im Stall und auf dem Feld zu tun hatte. Der Familienvater der Gastfamilie meint etwas verlegen zum Bauern: „Ich halte es für meine moralische Pflicht, Sie darauf aufmerksam zu machen, dass Ihr Knecht Ihrer Gattin jeden Morgen zwei Mal unsittlich unter den Rock gefasst hat!" Der Bauer beruhigt die Gäste: „Ach so, das hat schon seine Richtigkeit. Seit einem schlimmen Traktorunfall vor vielen Jahren hat meine Frau ein Holzbein. Am Oberschenkel ihres Holzbeines haben wir einen Nagel eingeschlagen und hängen den Traktorschlüssel dort auf, damit er nicht ständig verlegt wird. Der Knecht hängt den Schlüssel nach Gebrauch also nur wieder an Ort und Stelle!"

🐕

Ein Bauer fährt mit dem Zug zu seiner Tochter nach Berlin. Im selben Abteil sitzt ein elegant gekleideter Herr. Der Landwirt hatte vor seiner Abreise noch einen ganzen Topf Sauerkraut vom frisch geöffneten

Fass zu Hause gegessen. Andauernd musste er auf den Gang, weil das Sauerkraut seine Gedärme mächtig blähte. Nach einer Weile war er es leid, im Minutentakt auf den Gang zu gehen und er entledigte sich seiner Winde im Abteil. Die damit verbundenen Geräusche versuchte er zu vertuschen, indem er im gleichen Moment mit dem Daumen am feuchten Abteilfenster entlang fuhr. Das ging auch soweit gut, bis der Bauer kurz vor Berlin das Abteil verlassen wollte. Da fragte ihn der feine Herr: „Herr Landwirt, das ist ein erstaunlicher Trick, den Sie andauernd mit ihrem Daumen am Fenster ausgeführt haben. Man konnte das Geräusch von einem echten Furz kaum unterscheiden. Aber eines geht mir nicht recht in den Kopf. Wie haben Sie danach immer diesen original penetranten Geruch hinbekommen?!"

Ein kanadischer Bauer erfindet einen ganz besonderen Service für notgeile Farmer: Er stellt hinter seinem Haus eine Bretterwand auf und bohrt drei Löcher hinein. Für ein paar Dollar kann dort jeder sein bestes Stück reinhängen.
Am ersten Tag kommt der Bauer von der Nachbar-Ranch und probiert das erste der drei Löcher aus. Nach zehn Minuten ist er vollkommen erledigt und meint: „Hey, dein Teil ist spitze, das Geld gebe ich Dir gern. Aber sag mir bitte, wer stand hinter dem Loch?" Der Bauer: „Meine Frau." Ein paar Tage später kommt der selbe wieder und steckt ihn in das zweite Loch. Nach einer Viertelstunde drückt er völlig entkräftet sein Geld ab und fragt: „Oh Mann, das war Obersahne. Sag mir bitte, wer stand hinter dem Loch?" Der Bauer: „Meine Tochter."
Wieder ein paar Tage später versucht er das dritte Loch. Nach einer dreiviertel Stunde Dauer-Orgasmus torkelt er zum Bauer hin: „Oh Mann, um Himmels Willen, wer war das hinter der Mauer?" Der Bauer: „Meine Melkmaschine, die lässt nicht unter zwanzig Litern los!"

Mutter & Kind

Eine Tochter ruft ihre Mutter übers Handy an und eröffnet ihr, dass sie soeben spontan in New York geheiratet hat: „Mutter, das ging ja alles so schnell und ich bräuchte nun deinen Rat. Was zieht man denn in der Hochzeitsnacht an?" Mutter: „Außer den Beinen wüsste ich nichts!"

Die pubertäre Tochter zur Mutter: „Du, Mama! An meiner Muschi wachsen jetzt Haare." Die Mutter: „Sei froh, dass Dir da kein Salat wächst." - „Wieso Mama?" - „Weil Salat die Schnecken anzieht!"

„Na Mädel - Fahrerlaubnis bestanden?" „Keine Ahnung, - der Prüfer liegt noch im Koma!"

Mutter zu ihrem Sohn: „Warum so traurig?" „In der Schule liebt mich keiner mehr. Alle Kinder ärgern mich und die Lehrer sind auch alle bös zu mir" - „Ich verstehe Dich sehr gut mein Liebling, aber Du musst doch wieder hin. Du bist nun mal der Direktor."

Die Mutter zur Tochter: „Wenn Du zur Disko gehst, dann such Dir einen, der mindestens zwei Berufe hat. Nicht, dass es Dir wie mir mit Vater geht, der arbeitslos daheim sitzt. Nach der Disko kommt Töchterchen zu Mutter: „Ich habe einen abbekommen, der zwei Berufe hat. Er ist Schäfer und Ofensetzer." Die Mutter staunt: „Wie passt das denn zusammen?" Darauf die Tochter: „Er hat zu mir gesagt: Heute bleibst Du noch ungeschoren, aber morgen wirst Du gekachelt!"

Ein Junger Mann kommt zu seiner Mutter geradewegs aus dem Krankenhaus und erzählt: „Unser Kind ist ein gesunder kräftiger Junge. Meiner Frau geht es auch gut. Nur ein kleines Missgeschick ist passiert.

Bei Moni kam noch keine Milch, also hat eine Schwesternschülerin aus Afrika unserem Sohn die Brust gegeben. Nun ist er ganz schwarz. Moni meint, das sei nicht schlimm und könne sich im Laufe des Lebens wieder verlieren." Da schaut die Mutter nachdenklich und meint: „Bei Dir muss das ähnlich gelaufen sein. Ich hatte bei deiner Geburt auch nicht genug Milch. Wir haben Dir damals Kuhmilch gegeben. Deshalb ist aus Dir auch so ein großes Rindvieh geworden!"

Die armen Schwiegermütter

Ein junger Mann reicht dem Totengräber nach der Beerdigung einen 100-Euro-Schein mit der Bemerkung, er möge die Dame im Sarg bäuchlings, also mit dem Kopf nach unten beerdigen. Der Totengräber fragt, warum er das tun soll. Antwort: „Das ist meine Schwiegermutter. Sollte sie nur scheintot sein und wieder erwachen, gräbt sie in die falsche Richtung!"

Ein junger Mann gewinnt im Lotto und holt freudestrahlend seinen Gewinn ab. Auf dem Rückweg kommt ihm sein Nachbar entgegen und ruft schon von Weitem: „Großes Unglück! Dein Haus ist abgebrannt, deine Schwiegermutter war darin und konnte leider nicht mehr gerettet werden." Der Betroffene schnalzt lächelnd mit der Zunge und sagt leise: „Also wenn's einmal läuft, dann läuft's richtig!"

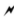

Ein junger Mann kommt in die Apotheke und fragt den Apotheker: „Haben Sie sehr starke Gifte da?" Der Apotheker sagt: „Ja, haben wir. Zum Beispiel Zyankali. Ich kann Ihnen davon aber nichts verkaufen, weil das unter das Giftgesetz fällt. Ich muss darüber genau Buch führen und das Gift wird unter strengsten Sicherheitsvorschriften im Panzerschrank aufbewahrt. Ganz davon abgesehen würde ich sofort meine Zulassung verlieren, wenn ich Ihnen davon auch nur ein Milligramm verkaufen würde."

Niedergeschlagen holt der junge Mann ein Foto aus seiner Jackenta-sche hervor und zeigt es dem Apotheker mit der Bemerkung: „Sehen Sie mal hier. Das ist meine Schwiegermutter!"
Daraufhin der Apotheker: „Ach Sie haben ein Rezept?! Das hätten Sie doch gleich sagen können."

∦

Ein junger Mann hat seine Schwiegermutter am Telefon, die ihren Be-such für den darauffolgenden Sonntag ankündigt. Er antwortet: „Gut, komme am besten gleich nach dem Mittagessen, damit Du vor dem Kaffeetrinken wieder daheim sein kannst!"

∦

Eine junge Frau betrachtet mit Interesse einen sehr langen Trauerzug auf dem Friedhof. An dessen Spitze läuft ein junger Mann mit einem großen Schäferhund. Sie geht zu ihm hin und spricht ihn diskret an: „Verzeihen Sie mir, aber wer ist denn der Verstorbene mit diesem gro-ßen Bekanntenkreis?" Antwort: „Das ist meine Schwiegermutter. Sie ist leider von meinem Schäferhund getötet worden." Die junge Dame be-kundet ihre Anteilnahme und fragt ihn flüsternd: „Könnte ich mir den Hund vielleicht in nächster Zeit einmal ausleihen?" Darauf der junge Mann: „Selbstverständlich, aber bitte ganz hinten anstellen!"

∦

Eine Frau zu ihrem Schwiegersohn: „Da habe ich Dir nun einen teuren schwarzen Anzug gekauft und Du hast ihn noch kein einziges Mal ge-tragen." Der erwidert: „Du hast mir ja bisher auch noch keinen Anlass dazu gegeben."

∦

Ein junger Ehemann kommt ein wenig betrunken von der Kneipe nach Hause und schwenkt gleich vom Vorsaal in das Schlafzimmer ein. Um sein schlechtes Gewissen zu beruhigen, geht er seinen ehelichen Pflichten in sexueller Hinsicht sehr gewissenhaft nach. Da es diesmal ungewöhnlich heftig ausfällt, geht er danach noch einmal in die Küche, um sich noch ein Bier zu genehmigen. Erstaunt sieht er, dass seine Frau dort am Küchentisch sitzt und Zeitung liest. Er rennt zurück ins Schlafzimmer, schaltet das Licht ein und findet seine Schwiegermutter lächelnd im Bett vor. - „Da konntest Du doch auch mal etwas sagen", faucht er sie an. Sie darauf: „Wieso? Du sagst doch auch sonst immer, ich soll gefälligst meinen Mund halten!"

✗

Wie hieß Adams Schwiegermutter? Antwort: Er hatte keine, er lebte ja im Paradies.

✗

Ein Ehepaar streitet sich im Urlaub und redet nicht mehr miteinander. Auf der Heimfahrt kommen sie an einem Bauernhof vorbei, wo im Gatter einige Schweine stehen. Er wütend zu ihr: „Dort, erkennst Du deine Verwandtschaft?" Sie zurück: „Ja, meine Schwiegereltern!"

✗

Sie zu ihrer Freundin: „Meine Schwiegermutter ist ein Engel." Darauf die Freundin: „Hast Du ein Glück. Meine lebt noch."

Stotterer

In einer Sprachförderschule wird ein Lehrgang für junge Männer Durchgeführt. Die unterrichtende Logopädin ist außerordentlich hübsch und unverheiratet. So bleibt es nicht aus, dass sich alle Lehrgangsteilnehmer in sie verlieben. Am letzten Tag des Lehrganges sagt die Dozentin: „Ihr habt nun viel über Atemtechnik gelernt und kommt in Zukunft sicher besser mit Eurem Sprachfehler klar. Zum Abschluss wollen wir noch einen kleinen Test machen. Wer mir auf Anhieb ein deutsches Bundesland nennen kann, ohne dabei zu Stottern, dem gebe ich zum Abschied ein Küsschen!" Alle sind begeistert. Ein Schüler springt auf und haspelt: „B-B-Bay-Bay--!" „Du meinst sicher Bayern. Leider kann ich Dir dafür kein Küsschen geben." Der nächste Schüler springt auf und legt los: „Heee-He- Hhhhes!" „Hessen in einem Stück wäre mir ein Küsschen wert gewesen", meint die hübsche Dozentin. Der nächste Kandidat springt hoch und ruft ohne zu stottern: „Sachsen!", rennt zur staunenden Lehrerin und küsst sie lange und leidenschaftlich. Als sich die Lehrerin mühsam aus seiner Umarmung befreit hat, ergänzt er: „A- A- A- Anhalt!"

Beim Klassentreffen sagt Paul zu Peter: „Du warst doch im Sprachförderunterricht. Hat das etwas gebracht? Sag doch mal etwas." Peter legt sofort mit dem Zauberlehrling los. Sämtliche Verse, ohne ein einziges Mal zu stottern. Als Zugabe leiert er anschließend noch alle Verse der Glocke von Schiller fehlerfrei herunter. Paul staunt und lobt ihn: „Na, da hat sich ja anscheinend die Investition der Krankenkasse mal richtig gelohnt." Darauf stotternd Peter: „J-JJa, aaaaber wwann bbbbraucht mman so eeetwaaas mmal?"

Ein Stotterer fragt den Busfahrer: „Wwwwaaan koommt die Hhhaltesstelle aaam Bbbbahnhof?" - Keine Antwort. Zwei Haltestellen später wieder die mühsame Frage an den Busfahrer. - Keine Antwort. Ein Fahrgast, der das mitbekommen hat, sagt: „Sie müssen hier aussteigen, wenn Sie zum Bahnhof wollen." Darauf zum Busfahrer: „Warum haben Sie denn dem Mann keine Auskunft gegeben? Ich finde das unmöglich." Darauf antwortete der Fahrer stotternd: „Ggglaaubben Sie, iich wwollte Ppprügel bbeziehen?!"

Ein Stotterer fragt den Busfahrer: „Wwwwaaan koommt die Hhhaltesstelle nneben dder Ssstottterschule?" Keine Antwort. Zwei Haltestellen später wieder die mühsame Frage an den Busfahrer. Der antwortet: „Das war die vorhergehende." Der Stotterer fragt mühsam, warum er das nicht gesagt habe. Darauf der Busfahrer: „Sie brauchen doch nicht in die Stotterschule zu gehen, wenn Sie das schon ausgezeichnet beherrschen!"

„Was machst Du denn so beruflich?", fragt Paul Alfred beim Klassen-treffen. Alfred hatte schon immer etwas gestottert. „Iiich wwar Hüh-nerhirte. Zzziemlich schwieriger Job. Binn seit gggestern ggekkündigt" Darauf Paul: „Hühnerhirte? Wie geht das denn?" - „Eieignetlich ei-einffach. Früh rrief iich in ddden Stall - put put put put put - und da kkkamen alle Hhhühner raus. Aabends sind sie aaalle wwieder von sselbst rrein, bbis auf eines. Iich ssagte, ggeh eendlich rrein, Ddu blö-des Vvvieh, sonst hhau ich Dich kaput put. - Da kkamen ddie aande-ren wieder rraus!"

⚡

Fährt ein Stotterer mit einem Pferdegespann durch die Stadt und schreit: „K-k-kk-Kohlen, vvvverka-ka-kaufe KK-k-koko-Kohlen! Jjjjetzt kaka-kaufen! Vo-vor d-d-ddem Wi-Wi-Winter b-billigger! Ko-ko-k-k-Kohlen!" Kommt ein Passant auf ihn zu und meint: „Aber guter Mann, das was Sie da auf Ihrem Wagen haben, sind ja eigentlich keine Koh-len, sondern Briketts." Darauf der Stotterer: „Scho-schon, a-a-aber, wwwwie weit, mei-meinen S-sie, kokokomme ich mit mei-meinem Ga-Ga-Gaul, wenn ich i-i-immer Br-Br-Br-Br-Br-Brrr-Brri-Brrickets schreien wür-würde?!"

⚡

Ein Stotterer wird vom Arbeitsamt in einen Buchverlag vermittelt. Beim Vorstellungsgespräch braucht er allein zwei Minuten, um seinen Na-men auszusprechen. Der Verlagsleiter denkt sich: „Die im Arbeitsamt spinnen doch. Wir wollten einen Verlagsvertreter. Wenn der bei einem Kunden steht, ist der Tag um, bevor er nur einen Satz herausgebracht hat."
Um das Arbeitsamt nicht zu verärgern, beschließt er, den Mann blutlos abzuschieben. Er packt einen großen Koffer voll mit frisch gedruckten Bibeln und schickt ihn mit den Worten auf Tour: „Wenn Sie 12 Bibeln pro Tag verkaufen, sind Sie eingestellt." Natürlich rechnet er damit, den Mann am Abend ohne ein verkauftes Exemplar wieder heim schi-cken zu können. Es war noch nicht einmal Mittagspause, da kam der Mann mit leerem Koffer wieder und meinte: „Nnnnnorm erffffüllt!"

Der Verlagsleiter fragt erstaunt: „Wie haben Sie das geschafft?" Der Stotterer: „Kkkkinderleicht! An den Hhhäusern gegegegeklingelt uuu- und gegegessaagt - Iiich verververkkkaufe Bbbbbibbeln. Wwwwww- wolllen Sie eieine, ooder soll iiiiiich sie Iiiihnnnen vorvorlesen? Uu- und schon hhhaben ssie gegekkauft!"

Frauen & Männer

Petra zu ihrer Freundin: „Rauchst Du auch immer nach dem Sex?" Petra nachdenklich: „Du, das weiß ich jetzt gar nicht. Ich hab noch nie nachgeschaut!"

♁ ♁

Elfi zu ihrer Freundin: „Du, Ihr habt doch dieses Jahr Silberhochzeit. Was unternimmst Du denn da mit deinem Mann?" Antwort: „Ich fliege mit ihm nach Australien!" Darauf Elfi: „Das ist doch sehr teuer. Du kannst ihn doch nicht so verwöhnen. Was unternimmst Du denn dann, wenn Ihr goldene Hochzeit habt?" Antwort: „Dann hole ich ihn wieder!"

♁ ♁

Eine Ehefrau sieht im Spiegel, wie hässlich und faltig sie im Alter geworden ist. Wütend zischt sie bei diesem Anblick vor sich hin: „Das hat der Lump verdient!"

♁ ♁

Eine junge Frau will ihren Mann mit einem neuen Kleiderschrank überraschen und baut ihn allein auf. Da fährt die Straßenbahn vor dem Haus vorbei und der neue Schrank fällt durch die Erschütterung in sich zusammen. Der in der Not herbeigerufene junge Mann vom Nebeneingang meint: „Ich verstehe das nicht. Sie haben alles richtig zusammengesetzt und trotzdem ist der Schrank zusammengebrochen." Er baut ihn erneut zusammen und stellt sich hinein, um auf die Erschütterung durch die nächste Straßenbahn zu warten, die er als Ursache vermutet. In der Zwischenzeit kommt der Ehemann nach Hause, sieht den Schrank und fragt: „Was ist denn das?" Sie darauf: „Das sollte eine Überraschung für Dich sein. Jetzt hast Du alles verdorben." Der Ehemann öffnet den Schrank, sieht den Nachbarn und fragt erbost: „Und was machst Du hier drin?" - „Wenn ich Dir jetzt antworte, dass ich in deinem Schlafzimmerschrank auf die Straßenbahn warte, glaubst Du mir ja sowieso nicht!"

† †

In der Straßenbahn sitzt ein junger Mann einer sehr hübschen Blondine gegenüber, die einen Kater auf ihrem Schoß streichelt. Der junge Mann wagt einen Annäherungsversuch und spricht: „Wenn ich mir das so anschaue, möchte ich jetzt gerne an Stelle des Katers sein." Darauf Sie: „Das glaube ich eher nicht. Ich bin auf dem Weg zum Tierarzt, der ihn kastrieren soll."

† †

Eine Frau zur Freundin: „Mein Mann sieht so schlecht aus, dem werfen sogar die Enten im Park Brotstückchen zu!"

† †

Eine Frau sitzt im Zugabteil einem Mann gegenüber, der schon die ganze Zeit über seinen Hosenschlitz offen trägt. Er schaut die Dame immerzu an und meint nach dem vierten Bier frech: „Na Puppe, soll ich Dir mal meinen großen Lümmel zeigen?" Da schaut die Dame mitleidig auf die kleine Bevölkerungsflöte und meint: „Wenn der kleine Lümmel in Ihrem Hosenschlitz noch einen größeren Bruder hat, würde ich den schon mal kennenlernen wollen!"

† †

Eine Frau kommt mit ihrem Mann in ein Tattoo-Studio und meint: „Können Sie mir das Gesicht meines Mannes auf die linke Brust tätowieren?" Der Tätowierer erwidert freundlich: „Das kann ich, aber ich würde mir das überlegen. Möglicherweise macht Ihr Mann in dreißig Jahren ein ziemlich langes Gesicht!"

Eine ältere Dame kommt in ein Tattoo-Studio und fragt den Meister: „Können Sie mir auf meinen rechten Oberschenkel einen Weihnachtsmann und auf meinen linken Oberschenkel einen Osterhasen tätowieren?" Der Künstler erstaunt: „Selbstverständlich, aber wozu so ausgefallene Wünsche?" Sie darauf: „Ach wissen sie, meine Enkelin ist jetzt in einem Alter, wo sie schon einiges mitbekommt. So kann ich meinen Mann diskret fragen, ob er mal zwischen den Feiertagen kommen möchte!"

♦ ♦

Petra fragt ihre Freundin: „Was schenkst Du denn deinem Mann dieses Jahr zum Geburtstag?" - „Eine Gasmaske!" - „Warum ausgerechnet eine Gasmaske?" - „Erstens sieht er damit wesentlich besser aus, zweitens riecht er damit nicht so schrecklich aus dem Mund und wenn ich ihm im Bett den Atemschlauch zudrücke, springt er, wie ein Achtzehnjähriger!"

♦ ♦

Egons Frau gesteht ihrem Mann: „Du Schatz, ich bin heute bei grün über die Ampel gefahren und musste 600 Euro Strafe zahlen." Egon erregt: „Die Polizei ist wohl auch schon übergeschnappt. Das ist doch gar nicht möglich!" Darauf Sie: „Doch Schatz, der Herr Wachtmeister hat mir erklärt, dass manche Ampeln sogar noch teurer sind."

♦ ♦

Er spöttisch: „Schatz, dein neuer Mantel sieht aus, wie der eines Kameltreibers." Darauf sie: „Dann gehe doch bitte auch fünf Schritte vor mir, damit es echt wirkt!"

♦ ♦

Ein Mann rempelt versehentlich eine Dame in der Hotelhalle an und entschuldigt sich: „Oh, junge Frau, wenn Ihr Herz so weich ist, wie Ihr Busen, dann werden Sie mir sicher verzeihen." Darauf sie: „Wenn Ihr bestes Stück so hart ist, wie Ihr Ellenbogen, dann finden Sie mich im Zimmer 29!"

34

Sie zu ihm nach der Hochzeitsnacht: Ich muss Dir ein Geständnis machen. Ich leide an Asthma." Darauf der Bräutigam erleichtert: „Dann bin ich ja beruhigt, ich dachte schon, Du hast mich heute Nacht ausgepfiffen!" Darauf sie weiter: „Ich muss Dir leider noch etwas gestehen. Ich bin schon seit meiner Geburt farbenblind." Der Bräutigam lächelnd: „Ach so, das weiß ich schon lange. Ich bin ja auch nicht aus Gotha, sondern aus Ghana."

† †

Die junge Frau Weiland erwacht nach einem Kaiserschnitt und die Hebamme eröffnet ihr, dass sie Drillinge hat. Diskret fügt sie noch hinzu, dass bei der Zeugung offensichtlich einige Turbulenzen aufgetreten sein müssen: „Ich muss Sie darauf aufmerksam machen, dass ihre Kinder unterschiedliche Hautfarben haben. Eines ist gelb, das zweite ist schwarz und das dritte hat eine rote Hautfarbe." Die junge Frau atmet erleichtert auf und meint: „Da bin ich aber froh! Ich dachte schon, dass eines von den Kindern bellt!"

† †

Eine hübsche Dame will sich in einer Zoohandlung einen Frosch kaufen. Der junge Verkäufer meint listig: „Ich habe nur noch drei Frösche, die beiden grünen kosten je zehn Euro und der graue kostet einhundert Euro." Die Dame fragt, warum der eine Frosch so teuer sei. Darauf erklärt der Verkäufer, dies sei ein „Leckfrosch", der in der Lage wäre, eine Frau restlos zu beglücken. Die Frau entscheidet sich für den grauen Frosch, kommt aber nach drei Tagen wieder und beschwerte sich, dass der Frosch sie noch kein einziges Mal befriedigt habe. Der Verkäufer nimmt die Frau mit ins Hinterzimmer des Geschäftes, setzte den Frosch auf einen Stuhl und ermahnte ihn mit erhobenem Zeigefinger: „Du dämlicher Frosch, jetzt zeige ich es Dir das allerletzte Mal!"

† †

Er zu seiner Frau: „Wenn Du mal richtig Bügeln lernen würdest, könnten wir die Haushälterin einsparen." Darauf sie: „Wenn Du mal richtig vögeln lernen würdest, könnten wir den Gärtner einsparen."

Kati rät ihrer Freundin: „Merke dir: Männer müssen a) gut aussehen, b) viel Geld haben, c) tolle Muskeln haben, d) einen Knackarsch besitzen e) zärtlich sein und das Wichtigste: Sie dürfen sich nach Möglichkeit alle nicht kennen!"

† †

Anna zu ihrer Freundin: „Mein Freund hat mir ein kleines Auto gekauft. Weil es so klein ist, muss ich nur wenige Steuern zahlen." Darauf die Freundin: „Mein Freund hat mir auch ein kleines Auto gekauft. Das ist so winzig, wenn ich mir da den Sicherheitsgurt anlege, gilt das als Rucksack und ich brauche gar keine Steuern zu bezahlen."

† †

Eine neue Attraktion im Zirkus: Ein junger Mann legt sein bestes Stück in das Maul eines Krokodils und erklärt den Zuschauern: „Geschätzte Damen und Herren, das Krokodil beißt mit einer Kraft von zehn Zentnern auf mein Glied. Normalerweise würde ich hier nie wieder herauskommen. Der Trick: Ich drücke meine beiden Daumen fest in die Augen des Krokodils, es öffnet vor Schmerz das Maul und - sehen Sie hier - kein Kratzer an meinem besten Stück. Wer das nachmacht, bekommt von mir sofort fünfhundert Euro!" Eine alte Dame auf den hinteren Plätzen meldet sich und ruft: „Ich mache es, aber bitte nicht so fest in meine Augen drücken!"

† †

Sie zu ihrer Freundin: „Du, ich muss jetzt höllisch aufpassen, dass ich nicht schwanger werde." Sie: „Wieso. Du sagtest doch neulich, dass sich dein Mann sterilisieren lassen hat." - „Ja, eben deswegen."

† †

Drei Frauen im Büro erzählen sich von der Faulheit ihrer Männer. Die erste berichtet: „Mein Mann hatte einmal sechs Richtige im Lotto und war zu faul, den Gewinn von der Lottozentrale abzuholen." - Die zweite meint: „Mein Mann hat schon zwei Mal bei einem Preisausschreiben ein Auto gewonnen und es jedes Mal aus Faulheit nicht abgeholt. Die dritte Frau berichtet: „Mein Mann übertrifft alles. Wir waren einmal im Kino, da hat er zwei Stunden vor Schmerz geschrien, weil er sich im Klappstuhl seine Genitalien eingeklemmt hatte und zu faul war, noch einmal aufzustehen!"

† †

Sie zu ihrer Freundin: „Bei meinem Mann kommt der Hundecharakter immer mehr zum Vorschein." „Wie das?" „Naja, er kommt mit schmutzigen Pfoten ins Haus, macht es sich vor dem Ofen bequem, knurrt nur mürrisch herum und wartet faul auf sein Essen."

† †

Ein Ehepaar streitet sich und spricht anschließend nicht mehr miteinander. Der Ehemann muss am nächsten Morgen auf Dienstreise und schreibt seiner Frau einen Zettel: „Bitte morgen um 5 Uhr wecken - muss auf Dienstreise." Als er am nächsten Morgen um 7 Uhr erwacht, ist seine Frau schon aus dem Haus. Auf dem Nachttisch liegt ein Zettel: „Bitte aufstehen, es ist genau 5 Uhr."

† †

Alfred meint nach der goldenen Hochzeit zu seiner Frau im Bett: „Weißt Du noch, wie ich mir für Dich in der Hochzeitsnacht in den Finger geschnitten habe, damit das Bettlaken blutig wird, um meinen Eltern vorzugaukeln, dass Du noch Jungfrau bist?" Darauf sie gereizt: „Warum sagst Du das ausgerechnet jetzt? Soll ich vielleicht für Dich aufs Laken spucken, damit die Kinder glauben, Du bist noch potent?"

† †

Lars bringt ein Mädchen von der Disko nach Hause. Als es zu regnen beginnt, zieht er sie in einen Hausflur, an dem sie gerade vorbei kommen. Sie küssen sich in der Dunkelheit und Lars will mehr von dem Mädchen. Die meint schüchtern: „Das geht leider nicht, ich habe meine Tage." Daraufhin drängt Lars: „Wenn Du deine Regel hast, könntest Du mir wenigstens einen herunterholen." Da meint sie: „Denkst Du wirklich? Ich kenne doch in dem Haus gar keinen!"

Zwei junge Damen, die hübsche Mutter und die 80-jährige Großmutter machen einen Ausflug mit der Postkutsche. Sie werden von einer Horde junger Räuber im Wald überfallen. Der Kutscher wird verjagt und die vier Damen müssen vor der Kutsche antreten. Der gut aussehende Räuberhauptmann befiehlt seinen Räubern: „Alle Durchsuchen!" Eine der jungen Damen meint flehend: „Oma auch?" - Der Hauptmann: „Oma auch!" - Der Hauptmann weiter: „Alle Kleider ausziehen und den Schmuck entfernen!" Die junge Dame wieder flehend: „Bei Oma auch?" - Der Hauptmann: „Bei Oma auch!" - Der Hauptmann zu seinen Räubern: „Als Belohnung für den gelungenen Überfall dürft Ihr alle Damen jetzt einmal tüchtig rannehmen." Die junge Dame wieder flehend: „Oma auch?" Da zischt die 80-jährige sie an: „Du hast doch gehört, was der Hauptmann befohlen hat - Alle!"

Im Freudenhaus

Paul vom Lande geht auf Anraten seiner Skatbrüder in ein Bordell. Er sucht sich ein Mädchen aus und geht mit ihr aufs Zimmer. Sie zieht sich aus und legt sich bäuchlings auf das Bett. Paul fragt sie in seiner Unerfahrenheit, ob sie krank sei. Die Dame versichert ihm, dass sie völlig gesund sei und sogar einen Gesundheitspass besitze. „Aber Sie haben doch den ganzen Rücken voller Pickel", meint Paul. Darauf die Prostituierte: „Ach so, nein das ist nur die Preisliste für sehbehinderte Kunden in Blindenschrift!"

❧

Max der Dorfschmied hatte eine Busreise nach Hamburg auf die Reeperbahn gewonnen. Eigentlich war ja „König der Löwen" Bestandteil des Gewinnes, aber das wollte er sich nicht anschauen. Also spazierte er über die Reeperbahn und kam bald an die berühmte Herbertstraße, in der die Prostituierten hinter Glasscheiben spärlich bekleidet auf ihre Kunden warten. Max hatte von seinen Skatbrüdern den Auftrag erhalten, die Preise zu erkunden. Er pochte also mit seiner Riesenfaust kräftig gegen eine der Scheiben und fragte laut: „Was kostet denn das?" Als die Dame auf der anderen Seite nicht antwortete, klopfte er nochmal und stellte die gleiche Frage. „750 Euro", rief die Prostituierte schließlich genervt. - Max staunte und rief zurück: „Ist das nicht zu viel?" Darauf sie: „Keinesfalls, das ist schließlich Sicherheitsglas!"

❧

Die alte Dame am Empfang im Bordell erklärt einem völlig betrunkenen Seemann, dass zu dieser Stunde keine Dame mehr zu haben sei. Der Besoffki gibt keine Ruhe und besteht auf umgehende Bedienung. Da meint die alte Dame: „Wenn Sie unbedingt wollen, müssen Sie mit mir Vorlieb nehmen. Ich bin aber schon alt und habe keinen Kitzler mehr." Darauf lallt der betrunkene Kunde: „Macht nichts, dann nehme ich eben einen Obstler!"

❧

Opa Karl-Heinz geht auch einmal in den Puff. Beim Empfang fragt er neugierig: „Haben Sie auch Damen, die es wie meine Frau machen?" Die Empfangsdame bestätigt, dass die Damen ausgebildet seien und alles machen würden, was die Kunden verlangen. Er geht mit einer Dame ins Bett und fragt noch ein Mal: „Machen Sie es auch wirklich wie meine Frau?" Sie darauf: „Selbstverständlich, wie macht es denn Ihre Frau?" Darauf Karl- Heinz: „Na umsonst..."

❧

Klaus kommt zur Puffmutter und gesteht, dass er nur fünf Euro Bargeld besitzt. Diese meint: „Dafür kann ich Ihnen nur Zimmer 7 geben." Außer einem Stuhl, der in der Mitte des Raumes steht, findet er das Zimmer vollkommen leer vor. Auch die Wände sind - bis auf einen großen Spiegel - völlig kahl. Er setzt sich auf den Stuhl und wartet. Nach einer Weile geht die Tür auf und eine Gans kommt ins Zimmer. Als sich nichts mehr tut, beschließt Klaus, seine Bedürfnisse an der Gans zu befriedigen. Am nächsten Tag erscheint er wieder, dieses Mal mit fünfzehn Euro und bekommt dafür Zimmer 8. Dort findet er einige Herren vor, die gelangweilt durch ein Fenster in Richtung Zimmer 7 schauen. Auf seine Frage, was man da sehen kann, antwortet der eine:

„Ein junges Pärchen vergnügt sich. Nix los heute. Aber gestern haben wir gelacht. Da hat so ein Vollidiot tatsächlich eine Gans gevögelt!"

Elsbeth hat sich auf der Reeperbahn bis in die Herbertstraße gewagt und betrachtet erstaunt die spärlich bekleideten Mädchen in den Schaufenstern. Ein Ordnungshüter kommt vorbei und sagt lächelnd: „Na Oma, wir haben uns wohl verlaufen? Hier in diese Straße dürfen Frauen eigentlich gar nicht hinein. Darauf Oma Elsbeth: „Oh Verzeihung Herr Wachtmeister, ich habe das nicht gewusst, aber sagen Sie mal, was ist denn das für ein Haus und was sind das für Mädchen in den Fenstern?" Antwort: „Das ist ein Bordell und die Mädchen an den Fenstern sind Prostituierte." Elsbeth lächelt und erwiderte: „Na da bin ich ja beruhigt. Ich dachte schon, das ist ein Puff mit Nutten!"

Ein Schotte kommt mit fünf Euro ins Bordell und wird in Zimmer 7 verwiesen. Dieses Zimmer ist vollkommen leer. Er schaut sich um und entdeckt in der Wand ein kleineres Loch. Als er eine ganze Weile vergeblich auf eine Dame gewartet hat, steckt er sein bestes Stück zum Test durch das Loch in der Wand und spürte sofort, dass er von der anderen Seite der Wand oral bedient wird. Als er nach Beendigung dieses eigenartigen Aktes das Zimmer verlässt, kommt ihm aus dem Nachbarzimmer ein Liliputaner entgegen, der auf den Gang spuckt und meint: „Höchste Zeit - endlich Feierabend!"

Zum Oktoberfest in München werden in den Zelten kleinwüchsige Damen als Stripperinnen beschäftigt, damit die Besoffkies unter den Tischen nach vierundzwanzig Uhr auch noch etwas von der Nacht haben.

Auf der Reeperbahn lag am frühen Morgen ein Sarg mitten auf der Straße. Das herbeigerufene Sonderkommando mit Bombenspezialisten versuchte vergeblich, den Sarg zu öffnen. Erst, als vier der kräftigsten Beamten aus Leibeskräften am Deckel zogen, flog er auf und man konnte sehen, warum er so schwer zu öffnen war: Ein Zuhälter lag darin.

💬

Der Neuzugang im Bordell fragt eine erfahrene Kollegin: „Warum ejakulieren die Männer eigentlich stoßweise?" Darauf die Kollegin: „Damit wir beim Schlucken nachkommen."

💬

Peter ist zu Besuch bei Rolf. Sie sitzen bei einem Bierchen und Rolf hat die ganze Zeit einen Videorekorder laufen. Plötzlich meint Peter zu Rolf: „Warum lässt Du denn den Sexfilm eigentlich rückwärts laufen?" Rolfs Antwort: „Ich sehe das immer so gerne, wenn die Nutten ihren Freiern das Geld zurückgeben!"

💬

Drei Freunde gehen nach einer Firmenfeier total betrunken ins Bordell. Zwei von ihnen bekommen noch Damen mit auf das Zimmer. Doch für den dritten Bessoffki ist auf Grund der späten Stunde kein Mädchen mehr frei. Die Puffmutter sieht, dass bei seinem Alkoholspiegel doch alles egal ist und schiebt ihn in ein Notzimmer, in dem sich eine Gummipuppe im Bett befindet.
Am nächsten Tag ruft der Gummipuppen-Lover seinen Kollegen an und meint: „Du, wir waren doch gestern noch in einem Puff. Ich glaub, ich habe mit einer Hexe geschlafen. Als wir Sex hatten, habe ich ihr aus Wonne in die Brust gebissen. Da hat sie mich angezischt, ist zwei Mal um die Lampe und anschließend aus dem Fenster geflogen!"

💬

In einem großen Bordell fahren einige Prostituierte mit dem Lift in die oberste Etage. Plötzlich meint eine zur Nachbarin: „Hier riecht es irgendwie nach Sperma." Darauf eine andere: „Man wird doch wohl mal aufstoßen dürfen!"

Ein älteres Ehepaar macht einen abendlichen Bummel in Hamburg auf der Reeperbahn. Plötzlich kommt ein Mann aus einer Kneipe geflogen und fällt mit der Nase auf den Bordstein. Er stürmt ohne zu klagen mit blutender Nase wieder in die Kneipe und fliegt im hohen Bogen wieder auf die Straße. Das Schauspiel wiederholt sich noch zwei Mal und der Mann hat schon zahlreiche Blessuren. Der alte Herr hilft ihm hoch und meint freundlich: „Wenn man Sie in dieser Kneipe nicht haben will, dann gehen Sie doch in eine andere." Darauf der Angesprochene: „Aber ich muss doch da rein. Ich bin der Wirt!"

Ein Freier geht ins Bordell zu einer leichten Dame. Er zieht ein Kondom über, stopft sich anschließend Watte in die Ohren und klemmt sich eine Wäscheklammer auf die Nase. Auf die Frage, was das soll, antwortet er: „Es gibt zwei Sachen die ich hasse: Das Geschrei von Weibern und den Geruch von verbranntem Gummi!"

Ein Bayer geht in einen Münchner Puff. Dort treibt er es mit einer Dame, außerdem wird dabei mächtig viel Alkohol getrunken. Nach geraumer Zeit schläft die Nutte berauscht ein. Als der Bayer das bemerkt, lässt er von ihr ab und schickt im Gehen einen dunkelhäutigen Kunden, der schon gewartet hatte, in das Zimmer. Dieser junge Mann ist hormonell ebenfalls so erregt, dass er gleich zur Sache kommt, obwohl die Prostituierte noch ihren Rausch ausschläft. Als die Dame dabei wieder einigermaßen zu sich kommt, meint sie lallend: „Typisch Bayern. Vögeln, bis sie schwarz werden!"

Ein Mann kommt in ein Bordell und verlangt eine besonders dünne Dame. Die Chefin stellt einige sehr schlanke Frauen vor, doch der Kunde ist mit dem Gewicht noch nicht zufrieden. Zum Schluss kommt eine junge Frau, die durch ihre Magersucht kein Gramm Fett mehr auf den Rippen hat. Als er mit ihr auf dem Zimmer ist und sie sich vollkommen entkleidet hat, bittet er sie, einen Moment zu warten und verlässt das Zimmer. Schließlich erscheint er mit einem kleinen Jungen in der Tür. Er zeigt auf die nackte Dame und sagt: „Sieh sie Dir genau an mein Sohn. So wirst Du bald aussehen, wenn Du dein Pausenbrot weiterhin in den Papierkorb wirfst!"

🔁

Geht ein Opa ins Bordell und fragt eine der Damen nach den Preisen. Sagt sie: „100 Euro im Bett, 20 Euro auf dem Teppich." Opa gibt ihr einen Hunni. Meint sie: „Gell Opa, im Bett ist es doch am schönsten?!" Opa: „Wieso Bett? 5 x Teppich!"

Bei Petrus am Himmelstor

Petrus fragt einen Neuankömmling vor dem Himmelstor, was er auf Erden gemacht habe. - „Ich war Leiter eines Pennymarktes. Dort habe ich die Verkäuferinnen drangsaliert und viele von ihnen grundlos entlassen." Petrus bedauert, den Sünder nicht einlassen zu können.
Auf dem Weg nach ganz unten begegnet der Mann einem Engel und klagt ihm sein Leid. Dieser hat Mitleid mit ihm und meint schließlich: „Ich nehme Dich unter meinem langen Gewand mit durch das Himmelstor." Als dies gelungen war, kriecht der Mann unter dem Gewand hervor und bedankt sich beim Engel. Der meint lächelnd: „Nichts zu danken, aber wenn Du nicht gesagt hättest, dass Du bei Penny warst, hätte ich glatt gedacht, Du warst bei Schlecker!"

🔑

Petrus hat wegen des großen Andrangs drei Himmelstore eingerichtet. Am ersten stehen die Frauen an, das zweite Tor ist für die Männer gedacht, die daheim unter dem Pantoffel standen und das dritte Tor ist für die Männer gedacht, die zu Hause die Hosen anhatten. Petrus kontrolliert nun die Tore. Vor dem ersten stehen viele Frauen, vor dem zweiten Tor ebenso viele Männer, vor dem dritten steht jedoch nur ein einziger Mann. Petrus fragte ihn, warum er sich als einziger vor Tor drei gestellt hat. Darauf dieser: „Weil meine Frau es mir befohlen hat!"

Von Kellnern & Kunden

Nach der Kneipentour stehen zwei Besoffkies auf dem Kneipenparkplatz und pinkeln. Der eine lallend zum anderen: „Warum pinkele ich eigentlich so laut und Du so leise?" - „Ganz einfach, Du pinkelst an mein Auto und ich dafür an deine Hose."

⏐

Paul und Max kommen aus der Kneipe und stehen pinkelnd am Straßenrand. Zwei junge Streifenpolizisten machen sich einen Scherz, fahren langsam näher heran und rufen aus dem Autofenster: „Aufhören! - Einpacken!" Die beiden beeilen sich, ihre Bevölkerungsflöten zu verpacken. Als sich die Polizisten lachend entfernen, meint Paul lallend: „Die habe ich aber angeschmiert. Ich habe zwar eingepackt, aber aufgehört hab ich nicht!"

⏐

Eine hübsche Blondine kommt in die Kneipe, bestellt drei doppelte Wodka, zieht ihren Hosenbund nach vorn und kippt sich die drei Schnäpse in die Hose. Der Wirt fragt sie verwundert, ob mit dem Wodka etwas nicht in Ordnung sei. Sie beruhigt ihn aber sofort: „Nein, nein, ich komme von meinem Zahnarzt und der meint, meine Zahnschmerzen seien Phantomschmerzen. Wenn die wieder auftreten würden, soll ich mir einfach mal zwei, drei Wodka hinter die Binde kippen."

⏐

Ein Mann kommt in eine Kneipe und meint zum Wirt: „Geben Sie mir schnell mal drei Wodka und zwei Bier, ehe der große Ärger hier beginnt." Kurz darauf bestellt er dasselbe mit der gleichen Bemerkung. Als er die Bestellung das dritte Mal wiederholt und erneut die Bemerkung bezüglich des Ärgers anfügt, fragt der Wirt vorsichtig an: „Sie trinken hier Unmengen von Getränken. Können Sie das alles auch bezahlen?" Darauf der Gast: „Sehen sie? Und jetzt beginnt der große Ärger!"

Peter zu seiner Frau in der Küche nach dem durchzechten Herrentag: „Haben Zitronen Beinchen?" Darauf sie zischend: „Natürlich nicht, wieso?" - „Dann hab ich gestern unseren Kanarienvogel in den Tee gedrückt."

§

Ein Gast bestellt beim Wirt zehn doppelte Wodka, anschließend neun, dann acht, sieben, sechs, fünf und anschließend nochmal vier doppelte Wodka. Plötzlich meint er zum Wirt schon etwas lallend: „Eigenartig. Je weniger ich heute trinke, um so betrunkener werde ich!"

§

Ein Mann hängt einen Plastikbeutel an die Theke und meint zum Wirt: „Gib mir mal drei Whisky. - Stell Dir vor, ich spiele seit zehn Jahren die gleichen Zahlen im Lotto und habe noch nie etwas gewonnen. Heute nun hätte ich sechs Richtige mit Superzahl gehabt und meine Frau hat vergessen, den Lottoschein abzugeben." Der Wirt staunt mit offenem Munt und sagt: „Das ist ja ein absolut dicker Hund. Wenn das meiner Frau passiert wäre, hätte ich ihr den Kopf heruntergerissen." Da meint der Gast: „Was glaubst Du denn, was ich in dem Plastikbeutel habe?!"

§

Die Frau von Hans mahnt ihn vor seinem Kneipengang: „Wenn Du wieder so betrunken heim kommst, lasse ich Dich nicht ins Haus. Glaube nicht, dass Du mich betrügen kannst. Ich werde kontrollieren, ob Du wieder eine Bierfahne hast." Hans trinkt an diesem Tag nur Schnaps, damit er ja keine Bierfahne hat. Außerdem nimmt er zur Verschleierung des Geruchs noch zwei Packungen stinkenden Sauermilchkäse auf den Heimweg mit. Seine Frau wartet schon verärgert hinter der verschlossenen Haustür, als Hans die Klinke niederdrückt. Sie ruft ärgerlich: „Du hast wohl gedacht, ich vergesse die Hauchprobe wegen der Bierfahne. Hauch mal durch das Schlüsselloch, dann werd ich es ja riechen." Hans haucht lächelnd durch das Schlüsselloch. Seine Frau ruft wütend durch die Tür: „Du Ferkel denkst wohl, ich merke es nicht. Dreh Dich mal anders herum!"

Zwei ältere Saufkumpane im Erfahrungsaustausch: „Ich weiß nicht, was ich noch machen soll. Immer, wenn ich nachts abgefüllt nach Hause komme, macht meine Frau einen Skandal. Dabei bin ich so vorsichtig, wie nur möglich. Ich steige eine Straßenecke vor unserem Haus aus dem Taxi, schließe die Taxitür extra leise. Dann vorsichtig den Schlüssel in der Haustür gedreht, Schuhe ausziehen, leise die Treppe hoch, keine Wasserspülung im Bad, nichts mehr essen, damit nichts klappert in der Küche... Wenn ich dann auf Zehenspitzen in das Schlafzimmer schleiche, geht das Licht an und meine Alte geifert wie Xanthippe und hält mir die halbe Nacht Vorträge." Darauf der andere: „Du machst ja so ziemlich alles falsch, was man falsch machen kann. Du musst das ganz anders anstellen. Mit dem Taxi bis vor das Haus, Türen laut zugeknallt, Schlüssel laut im Schloss gedreht, die Holztreppe hoch trampeln, ins Bad, Wasserspülung betätigen, in der Küche mit den Töpfen klappern, die Tür zum Schlafzimmer aufreißen und laut hineinbrüllen: - Ist hier drinnen jemand, der dringend Sex braucht? - Dann sollst Du mal sehen, wie sich deine Alte schlafend stellt!"

$$\Upsilon$$

Auf der Reeperbahn kommt ein offensichtlich stark angetrunkener Mann durch die Drehtür der Kneipe getorkelt. Er schwankt an die Theke und bestellt lallend ein Bier. Der Wirt erklärt ihm, dass er an stark angetrunkene Personen keinen Alkohol ausschenken dürfe. Der Mann macht brummelnd auf den Absätzen kehrt und hängt sich wieder in die Drehtür. Er hat aber so viel Schwung, dass er erneut in der Kneipe landet. Wieder schwankt er zur Theke, bestellt ein Bier und bekommt erneut die selbe Antwort. Kopfschüttelnd torkelt er wieder zur Drehtür, hat natürlich wieder zu viel Schwung und landet wieder in der Kneipe. Als er vom Wirt zum dritten Mal abgewiesen wird, schaut er ihn erstaunt an und lallt: „Sagen Sie mal, gehört Ihnen in dieser Straße jede Kneipe?!"

$$\Upsilon$$

In der Toilette stehen ein sehr alter Mann und ein junger Bursche beim Urinieren nebeneinander. Der junge Mann beobachtet, dass sein Nebenmann offensichtlich große Mühe und Schmerzen beim Wasserlassen hatte, weil er sich nur stoßweise unter lautem Stöhnen erleichtern kann. Der junge Mann, ein Stotterer, fragte mit seinem Sprachfehler belustigt. Wwwie ppppißt Ddu dddenn? Darauf der Alte sichtlich verärgert: „Ich pisse so, wie Du sprichst!"

☿

Ein Urlauberehepaar sitzt in einer gemütlichen Erzgebirgskneipe und beobachtet durch die offene Küchentür, dass in der Küche ein Schwein mit drei Beinen herumhüpft. Als sie den Wirt nach dem Grund fragen, erklärte er: „Wir müssen sparen und haben auch keine großen Kühltruhen. Ich kann also nicht jedes Mal ein ganzes Schwein schlachten, wenn ein Gast ein Eisbein bestellt."

☿

Gast zum Kellner: „Kennen Sie mich?" Dieser verneint, darauf der Gast: „Ich bin derjenige, der bei Ihnen vor einer Stunde ein Bier bestellt hat!"

☿

Kellner zum Gast: „Die Hähnchen sind uns leider ausgegangen." - „Das ist aber schade! Wissen Sie wenigstens wohin?"

☿

Gast zum Kellner: „Eine Unverschämtheit! Bei mir in der Suppe lag ein Zahn."- „Aber Sie sagten doch vorhin, ich solle einen Zahn zulegen."

☿

Christine hatte von ihrer Freundin ein Hausmittel empfohlen bekommen, was angeblich zuverlässig gegen Schnarchen hilft. Dabei sollte sie ihrem Mann, der sie nachts mit seinem Schnarchen fürchterlich nervte, Eichenlaub mit einem Gummi um das beste Stück wickeln. Diesen Ratschlag befolgte sie auch, als er nach einer Kneipentour wieder einmal unerträglich schnarchte. Es half tatsächlich und sie konnte endlich wieder einmal ausgeschlafen zur Arbeit gehen. Ihr Mann hingegen rief nach Entdeckung der eigenartigen Eichenlaubbandage seinen Kumpel an und fragte aufgeregt: „Du, dass wir gestern mächtig gesoffen haben, weiß ich noch. Auch, dass wir danach noch ins Bordell gegangen sind. Aber dass da noch eine Siegerehrung stattfand, ist mir entfallen!"

☿

Der Kellner möchte Geschirr abräumen. Eine ältere Damen aus einer Reisegesellschaft versucht aber seit geraumer Zeit verzweifelt, den letzten Rest der Vorsuppe aus ihrem Teller zu löffeln. Schließlich platzt dem Kellner der Kragen und er fragt: „Darf ich der Dame vielleicht einen Bogen Löschpapier reichen?"

☿

Ein Mann kommt nachts betrunken mit einem Schaf unter dem Arm in das Schlafzimmer gestürmt, in dem seine Frau im Bett liegt. Er brüllt: „Das ist die blöde Ziege, mit der ich Dich gelegentlich betrüge." Darauf seine Frau etwas verärgert: „Du Suffkopf, das ist doch ein Schaf." Darauf er: „Wer redet denn mit dir?!"

☿

Karl verrät seinem Saufkumpan den Trick, wie er der Standpauke seiner Frau entgeht, wenn er erst früh von der Zechtour nach Hause kommt. „Ich ziehe mich bis auf die Unterhose aus und gehe rückwärts ins Schlafzimmer. Wenn meine Frau dann die Nachttischleuchte einschaltet und fragt, wo ich hin will, sage ich einfach: Auf Arbeit!
Darauf antwortet sie, dass es doch erst drei Uhr ist. Ich entgegne, dass ich dann ja noch einige Stunden schlafen kann und lege mich gemütlich in mein Bett."

☿

In einem Restaurant in Peking spricht kein Kellner deutsch. Ein deutscher Tourist zeigt auf ein Gericht in der Karte und sagt fragend zum Kellner: „Quiek, quiek?" Darauf schüttelt der Kellner lächelnd den Kopf und antwortet: „Wau, wau!"

Ein betrunkener Mann ruft nach der Firmenfeier seine Frau an: „Komme mich bitte abholen, man hat mir im Auto das Lenkrad geklaut." Nach einer Weile ruft er noch einmal an: „Kommando zurück, Du brauchst nicht zu kommen. Ich bin versehentlich hinten eingestiegen."

Y

Zwei junge Männer fahren nach durchzechter Nacht gleich im volltrunkenen Zustand zur Arbeit. In einem Kreisverkehr fahren sie Runde um Runde in die falsche Richtung, bis der Beifahrer lallt: „Ich glaube, wir sind mächtig spät dran. Die kommen uns ja schon wieder alle entgegen!"

Y

Zwei betrunkene Tippelbrüder sind in den Alpen unterwegs. Plötzlich sagt der eine: „Ich würde jetzt gerne wieder einmal Sex mit einer Frau haben." Da meint der andere: „Da wirst Du hier oben nicht viel Glück haben. Kannst ja mal in der Sennhütte nachschauen, ob Du eine Zenzi findest." Das tat er auch.
Durch Zufall hatte ein Bergbauer dort gerade Sex mit seiner Frau. Diese hatte aber durch einen Traktorunfall beide Beine verloren und stattdessen zwei Prothesen. So kam es, dass der hormongeladene Tippelbruder zu seinem Kumpan zurücklief und schrie: „Bloß weg hier, da drinnen treibt es ein Verrückter mit einer Schubkarre!"

Y

Zwei junge Burschen bringen einen stadtbekannten Säufer nach Hause, der den ganzen Abend bei den Gästen nur Bier und Zigaretten geschnorrt hat. Als dieser lallend den Wunsch zum Urinieren äußert, sich aber nicht aus eigener Kraft die Hose öffnen kann, tut einer der Jungen so, als wenn er ihm die Hose aufknöpft, gibt dem Besoffki aber eine kalte Bockwurst in die Hand, die eigentlich als Wegzehrung gedacht war. Staunend lallt der Säufer: „Wenn ich nicht genau wüsste, dass ich ihn in der Hand habe, würde ich meinen, dass ich mir in die Hose pinkele!"

Urlaub & Reisen

Winter im Erzgebirge - Ein Urlauber versucht an einem Berg in Oberwiesenthal mehrmals, einen LKW zu überholen. Dabei ruft er dem Fahrer immer wieder zu: „Sie verlieren Ladung! - Sie verlieren Ladung!" Der LKW-Fahrer brüllt schließlich entnervt zurück: „Ich bin das Streufahrzeug!"

Zwei Sekretärinnen am Montag in einem Chemnitzer Büro - Sagt die eine stolz: „Du wirst es nicht glauben. Unser Chef hat mich am Wochenende in den Harz mitgenommen." Darauf die andere etwas neidisch: „Hat er Dir auch mal den Brocken gezeigt?" - „Selbstverständlich! Hinter Zwickau schon das erste Mal!"

Drei ältere Damen machen eine Kreuzfahrt und gehen das erste Mal an Deck. Eine der Damen liest ganz interessiert eine Hinweistafel und ruft plötzlich: „Die denken ja bei dieser Kreuzfahrt wirklich an alles. Für unsere leiblichen Gelüste gibt es sogar einen Deckoffizier!"

In einer Reisegruppe stehen zwei Pärchen aus Schwaben und Berlin vor dem Pariser Eifelturm nebeneinander. Die Frau des Schwaben fragt ihren Mann, aus welchem Material der Turm wohl gebaut wäre. Der antwortet in typisch schwäbischer Mundart: „Der isch aus Guscheise!" Der junge Mann aus Berlin hört das und meint verwundert zu seiner Freundin: „Ick hätt jar nich jedacht, dat man aus Kuhscheiße so jroße Bauwerke machen kann!"

Ein älteres Ehepaar aus der Großstadt macht Urlaub auf dem Land. Die beiden beobachten, wie ein Mann mit einem Eimer eilig die „Pferdeäpfel" einsammelt, die von den Pferden einer vorbeifahrenden Hochzeitskutsche stammten. Neugierig fragt die Frau: „Was machen

Sie denn mit diesen Äpfeln?" Der Hobbygärtner antwortet: „Die brauche ich für meine Erdbeeren." Darauf meint der Ehemann: „Siehst Du Amalie, es muss nicht immer Schlagsahne sein."

Karl hatte eine Reise nach Hamburg auf die Reeperbahn gewonnen. Nach seiner Rückkehr erzählte er seinen Skatbrüdern davon: „Zwei ältere Herren aus Bonn haben mich in eine Tabledance-Bar mitgenommen. Dort räkelte sich ein hübsches Mädchen an einer Eisenstange und kam mit ihrem kleinen Hintern immer ganz nahe an unseren Gesichtern vorbei. Als der Hintern wieder einmal vorbei kam, schob der links von mir Sitzende zwanzig Euro zwischen die Pobacken und bekam dafür zwei Küsschen. Beim nächsten Vorbeigleiten steckte der rechts von mir Sitzende noch fünfzig Euro dazu und wurde dafür fünf Mal geküsst!" Die Skatbrüder riefen staunend: „Sagenhaft! Und wie viel Geld hast du dazugesteckt?" - Karl: „Gar nichts. Ich habe meine Geldkarte durch die Pobacken gezogen und siebzig Euro abgehoben."

Die Rentner Harry und Werner machten mit ihren Ehefrauen im heißen Afrika an einem wunderschönen Strand mit herrlichen Palmen Urlaub. Fünf Wochen nach der Rückreise ruft Harry seinen Kumpel an und klagt ihm sein Leid: „Du Werner, ich hab ein Problem. Seit wir im Urlaub waren, bekommt meine Frau beim Sex keinen Orgasmus mehr." Werner antwortet: „Das Problem hatte ich auch. Ich habe das aber gelöst. Die Frauen vermissen das Flair des afrikanischen Strands. Ich habe mir vom Arbeitsamt einen dunkelhäutigen jungen Mann kommen lassen, habe ihm einen riesigen Palmwedel in die Hand gegeben, mit der Dusche habe ich das Meeresrauschen nachgestellt und unter diesen Bedingungen kam meine Frau wieder zum Orgasmus!"
Harry macht alles genau so. Das Wasser rauscht, der dunkelhäutige Mann wedelt sanft mit dem Palmenwedel, aber trotz größter Bemühungen erreicht Harrys Frau den Höhepunkt beim gemeinsamen Akt nicht. Schließlich reißt Werner dem jungen Mann den Palmwedel aus der Hand und sagt genervt: „Jetzt übernimmst Du mal meine Stelle

und ich deine." Eine Minute nach dem Tausch erlebt seine Frau einen heftigen Orgasmus. Daraufhin brüstet sich Werner vor dem jungen Mann: „Siehst Du? So wird gewedelt, dann klappt es auch beim Sex!"

„Gibt es hier Quallen?", fragt eine Frau am Strand einen Einheimischen. „Nein, die haben die Haie alle gefressen!"

Karl und Manfred hatten sich eine Kletterausrüstung gekauft, weil ihnen das Rentnerdasein zu langweilig wurde. Gleich bei der ersten Klettertour an einem hohen Berg in Österreich überschätzten sie sich. Hinauf kamen sie noch mit letzter Kraft, aber für den Abstieg war keine Kondition mehr vorhanden. Als das Wetter umschlug, mussten sie sich zwangsläufig abseilen. Nun reichte das Seil aber nicht ganz und es verblieben noch fünfzig Meter bis zum felsigen Boden. Zum Hochklettern war auch keine Kraft mehr da. In seiner Angst rief Manfred mit seinem Handy den Bergrettungsdienst, der auch nach einiger Zeit mit dem Hubschrauber kam. Mit einem Megaphon riefen die Retter vom Hubschrauber aus: „Wir kommen vom Roten Kreuz - Wir kommen vom Roten Kreuz!" Da winkte Karl mit seinem freien Arm und schrie, so laut er konnte: „Verschwindet! - Wir haben schon gespendet - Wir haben schon gespendet!"

Klaus ist Teilnehmer einer Wüstensafari. Als die Kolonne in einer Oase Halt macht, setzt er sich etwas abseits unter die Palmen an einen Brunnen. Er schaut hinein und überlegt, wie tief der Brunnen wohl sein könnte. Um es herauszufinden, wirft er ein kleines Steinchen hinein und wartet auf den Aufschlag im Wasser. - Nichts - Er wirft ein größeres Steinchen, von dem auch nichts zu hören ist. Dann schleppt er den großen Stein, auf dem er vorher gesessen hat, zum Brunnen und wirft ihn hinein. Zu seinem Erstaunen springt eine Ziege in hohem Bogen hinterher. Nach ziemlich langer Zeit hört er zwei Mal hintereinander den leisen Aufschlag im Wasser. Kaum war das geschehen, kommt ein

Beduine und fragt im akzentfreiem Deutsch: „Mein Herr, haben Sie vielleicht meine Ziege gesehen? Ich hatte sie extra an einen großen Stein gebunden, damit sie nicht weglaufen kann!"

Päpstliches

Der Papst stimmt der Abtreibung neuerdings zu - Bedingung: ein Eintrag in das Familienstammbuch unter „Entfernte Verwandte"!

Der Papst bekommt einen neuen Mercedes. Er bittet seinen Fahrer, ausnahmsweise einmal den Platz mit ihm zu tauschen, weil er das neue Fahrzeug gerne selbst einmal testen möchte. Nach kurzer Zeit wird der Wagen von zwei Polizeibeamten wegen überhöhter Geschwindigkeit angehalten. Nachdem einer der Beamten in den Wagen geschaut hat, deutet er dem Fahrer an, einfach weiterzufahren. Sein Kollege meint: „Warum lässt Du diesen Raser einfach so davonkommen?" Darauf erklärt der andere: „Glaubst Du, ich will Ärger? Das muss eine ganz hochgestellte Persönlichkeit gewesen sein, wenn der sogar den Papst als Fahrer hat!"

Die Marketingabteilung von Coca Cola ruft beim päpstlichen Sekretär an. Sie bietet 500.000 Euro dafür, dass es im Vaterunser zukünftig „Unser täglich Coke gib uns heute" heißt. Der Sekretär bricht das Gespräch empört ab. Wenig später klingelt es wieder. Coca Cola bietet nun 5 Millionen Euro. Erneut legt der päpstliche Sekretär wortlos auf. Kurz darauf schellt das Telefon ein drittes Mal. „10 Millionen Euro in bar, unser letztes Wort!" Der Sekretär bittet um einen Moment Geduld, ruft im Amtszimmer des Papstes an und fragt: „Chef, bis wann läuft unser Vertrag mit der Bäckerinnung noch?"

Machos

Nach ausgiebigem Sex meint sie listig: „Oh, jetzt fällt mir ein, dass ich meine Pille vergessen habe. Da ich nun schon einmal schwanger werde, wie nennen wir unser Kind?" Der Mann, der den Braten schon gerochen hatte, macht lächelnd einen Knoten in sein Kondom, das er heimlich benutzt hatte und meint: „Wenn er da wieder heraus kommt, nennen wir ihn nach dem großen Magier David Copperfield!"

Ein Macho zum anderen: „Es gibt jetzt neue Kondome. Bei denen steht ganz hinten eine Nummer drauf." Der andere: „Hab ich noch gar nicht gesehen." Darauf erwidert der erste: „Ach so, Du brauchst sie wohl gar nicht so weit aufzurollen?!"

Ein Macho lässt sich von einer Dame oral befriedigen und fragt anschließend: „Na, wie war ich heute?"

Männer können trinken, ohne Durst zu haben und Frauen können reden, ohne ein Thema zu haben

Ein Macho will sich von einer Dame oral befriedigen lassen, bekommt keinen hoch und fragt anschließend: „Passiert Dir so etwas öfters?"

Wie viele Machos braucht es, um eine Glühbirne auszuwechseln? Gar keinen - Soll die Tussi doch im Dunkeln kochen!

Was ist der Unterschied zwischen dem Buchstaben Q und einem Macho? - Es gibt keinen, beides sind große Nullen mit kleinem Schwänzchen.

Kannibalen

Eine Frau schickt ihren Mann zum Psychiater, weil er ständig sagt: „Ich bin ein Kannibale, ich bin ein Kannibale." Als er wieder zurückkommt sagt sie: „Na, wie war denn der Doktor?" Darauf er: „Lecker!"

☉

Gesundheitsbewusste Kannibalen verspeisen vorwiegend Nonnen, weil diese noch ungespritzt sind.

☉

Ein Journalist trifft im Urwald auf drei Personen und fragt den Linken, wer er ist. Darauf dieser: „Kannibale!" Als er den Mechten befragt, antwortet dieser ebenfalls: „Kannibale!" Zum mittleren gewandt meint der Journalist: „Und Sie sind sicher auch Kannibale?" - „Nein, ich bin die Marschverpflegung."

☉

Zwei junge Kannibalen kommen zu spät zur Kannibalenparty. Sie schauen sich in den großen Kühltruhen um und fragen, ob sie sich bedienen dürfen. Die Gastgeberin meint: „Bitte nicht die zwei oberen Personen. Das sind Zuckerkranke. Die brauchen wir dann für die Bowle!"

☉

Zwei Kannibalen fliegen zum Kannibalen-Kongress. Die Stewardess fragt sie freundlich: „Darf ich Ihnen die Speisekarte bringen?" Darauf einer der Kannibalen: „Bringen Sie uns lieber die Passagierliste!"

☉

Was machen Kannibalen aus Medizinern? - Hot Docs.

☉

Ein Kannibale hat eine hübsche Frau gefangen. - Er zu seinem Freund: „Morgen wird im Bett gefrühstückt!"

Schwärzester Humor

Ein Ehepaar, Karl 103 Jahre alt und Käthe 100 Jahre alt, kommen von der Beerdigung ihres Sohnes Paul, der mit 81 Jahren verstorben ist. Mit Tränen in den Augen sagt Käthe zu ihrem Mann: „Ich hab ja schon immer befürchtet, dass wir den Jungen nicht durchkriegen!"

🕷

Im Blindenheim musste ein Maler die Raufasertapete entfernen und durch einen glatten Belag ersetzen, weil sich eine Heimbewohnerin zu Tode gelesen hatte.

🕷

Zwei ältere Herrschaften erscheinen auf dem Standesamt und eröffnen dem Standesbeamten, dass sie heiraten möchten. Dieser fragt erstaunt, wie alt die beiden sind. „Mein Partner ist 97 und ich bin 96 Jahre alt", meint die Dame. Der Standesbeamte fragt weiter, warum die beiden sich erst jetzt zur Heirat entschieden haben. Darauf sie spontan: „Wir wollten erst warten, bis die Kinder tot sind!"

🕷

Ein Schweizer besucht einen alten Freund. Der liegt im Bett und macht unmissverständliche Bewegungen. Der Besucher fragt ihn erstaunt, was er da macht. - Darauf der angesprochene völlig außer Atem: „Na das sieht Du doch, ich mache Liebe mit meiner Frau." - „Aber ich sehe doch gar keine Frau." - „Teufel noch mal, da ist sie wohl schon wieder weg!"

🕷

Else zu Amalie: „Du, ich habe heute unseren Hausarzt auf dem Friedhof getroffen." „Was hat er denn dort gemacht?" - „Patienteninventur!"

🕷

Ein blinder Mann kommt zum Bäcker und bestellt 99 Mohnbrötchen. Am nächsten Tag dasselbe Spiel. Als er am dritten Tag wieder 99

Mohnbrötchen bestellt, fasst sich die Verkäuferin ein Herz und fragt den Mann, was er damit macht. Darauf er: „Ich stelle sie mir ins Bücherregal, was glauben sie, was da für wunderschöne Geschichten drauf stehen!"

※

Peter zu seiner Frau: „Du, ich habe heute auf dem Friedhof unseren Hausarzt getroffen." Darauf seine Frau: „Keine Kunst. Der war ja so dick, da konntest Du gar nicht daneben schießen!"

※

Ruth zu Sigrid: „Ich wollte Dir nur sagen, der Paul wird nicht am Dienstag beerdigt, sondern erst am Freitag." Darauf Sigrid ganz erstaunt: „Sag bloß. Da geht es ihm wohl wieder besser?!"

※

Ein Vater beobachtet durchs Schlüsselloch, wie seine Tochter es sich mit einer Banane besorgt. Nachdem seine Tochter zur Disko gegangen ist, steckt er diese Banane auf einen Stock, geht ins Wohnzimmer und hält sie seiner Frau vor die Nase. - Sie darauf: „Spinnst du jetzt?"
Er: „Nein, ich wollte Dir eigentlich nur unseren neuen Schwiegersohn vorstellen!"

※

Ein Blinder kommt an einem Fischladen vorbei und grüßt freundlich: „Hallo Mädels!"

※

Zwei Blinde sitzen auf einer Parkbank. Einer von ihnen muss niesen. Sagt der andere: „Gute Idee, kannst mir auch gleich eine Flasche Bier mit aufmachen."

※

Was ist dreißig Meter lang und riecht nach Urin? - Eine Polonaise im Altersheim!

Eine Oma fährt allein im Zug Richtung Berlin. Ein Student im selben Abteil fragt, wo sie hinfährt. Sie erzählt, dass sie zum Klassentreffen nach Berlin unterwegs ist. Der Student schaut sie an und fragt, wie alt sie ist. „95 Jahre." Der Student: „Oh, doch schon 95, wie viele kommen denn da noch zum Klassentreffen?" „Ja, wir waren in letzter Zeit immer weniger - seit sieben Jahren fahr ich nun allein!"

„Warum haben Sie denn an beiden Händen nur noch die Daumen?", fragt der Wirt einen Gast neugierig. Dieser antwortet: „Da ist das Zügle dran Schuld." „Welches Zügle?", bohrt der Wirt weiter. „Ja, das war so: Ich habe meine Freundin am Bahndamm geliebt und mich dabei an der Schiene festgehalten. Ja und dann kam halt das Zügle!"

In einer Toilette im Flughafengebäude steht ein feiner Mann am Urinal, je einen Koffer in jeder Hand. Er schaut auf den feuchten Fußboden und meint zu dem neben ihm stehenden Mann: „Können Sie mir bitte einmal meinen Penis heraus holen? Ich möchte meine teuren Koffer nicht auf dem feuchten Fußboden abstellen." Der Mann neben ihm tut das etwas widerwillig. Als er sich den Penis genauer betrachtet, meint er erschrocken: „Um Gottes Willen, wie sieht der denn aus? Damit müssen Sie unbedingt zum Arzt gehen." Der Mann darauf: „Ja, da komme ich ja gerade her!"- „Ja und, was hat der gesagt? - „Bloß nicht anfassen!"

Eine Familie geht zum vermeintlich letzten Krankenbesuch des furchtbar unbeliebten, aber sehr reichen Großvaters in die Intensivstation des Krankenhauses. Der Großvater liegt unter einer durchsichtigen Haube und wird nur noch künstlich beatmet. Die Verwandtschaft tritt nun an den Kasten, um den so Ungeliebten noch einmal zu betrachten. Plötzlich gestikuliert der Opa wild mit den Armen und deutet mit blauem Gesicht an, dass er noch etwas schreiben möchte. Seine Tochter meint: „Jetzt geht es zu Ende. Gebt ihm Zettel und Papier. Er will sicher noch schnell sein Testament schreiben." Er schreibt noch schnell ein paar Zeilen und macht dann die Augen für immer zu. Seine Tochter: „Jetzt sind wir hier ohnehin alle zusammen, da können wir seinen letzten Willen auch gleich verlesen." Sie nimmt der Zettel und liest laut vor. - „Ihr dämlichen Idioten steht auf dem Luftschlauch!"

🕷

Die Kinder sollen zum Anschauungsunterricht möglichst kleine Motoren mitbringen. Elli hat einen Nähmaschinenmotor, Joachim den Motor einer kleinen Pyramide und Karsten einen ganz winzigen Motor, der die Neugier der Lehrerin weckt. Sie fragt ihn, was das für ein Motor sei. „Der Motor ist aus dem Herzschrittmacher meines Großvaters." Die Lehrerin erstaunt: „Was hat denn dein Großvater dazu gesagt?" - „Gesagt hat er nichts, nur geröchelt und mit großen Augen zum Himmel geschaut!"

🕷

Opa Ernst hat wieder einmal mächtig getankt. Offensichtlich war es dieses Mal entschieden zu viel, denn er sagt mit schwacher Stimme zu Oma Else: „Else, ich glaube mit mir geht es zu Ende." Die streng katholische Frau lässt sofort den Pfarrer kommen und spricht: „Herr Pfarrer, mit meinem Mann geht es zu Ende. Bitte geben Sie ihm die letzte Ölung." Bei diesem Satz kommt Ernst wieder zu sich und meint beschwörend: „Ölung? Um Gottes Willen, jetzt nichts fettiges!"

🕷

In der Blindenschule spielt eine Zwei-Mann-Band. Einer der Musiker ist blind, der andere taub. Da fragt der Blinde den Tauben: „Tanzen die Leute noch?" Der Taube: „Wieso, spielen wir denn?"

🕷

Mutter, Vater, Omi und Opi wollen klein Tina das Beten vor dem Schlafen gehen beibringen. Nach dem Amen sagt die Kleine: „Gute Nacht Mama, gute Nacht Papa, gute Nacht Omi und Tschüss Opi!" Am nächsten Morgen ist Opa gestorben. Die Eltern finden das schon etwas eigenartig. Eine Woche später - wieder gemeinsames Beten - „Gute Nacht Mama, gute Nacht Papa und Tschüss Omi!" Am nächsten Morgen ist Oma gestorben. Dieses Mal kommen die Eltern in's Grübeln. Nach zwei Wochen wieder gemeinsames Beten - „Gute Nacht Mama und Tschüss Papa!" Der Papa rennt panisch aus dem Haus, schläft in der Firma und geht erst am Nachmittag des nächsten Tages nach Hause. Seine Frau nimmt ihn freudestrahlend in den Arm. - „Gott sei Dank, Du lebst. Aber stell Dir vor, der Postbote brachte heute früh die Zeitung, fiel um und war tot!"

Ein junger Mann beobachtet in einer Disko, wie eine Frau ein hübsches Mädchen im Rollstuhl im Rhythmus der Musik bewegt. Er fragt die Frau, ob er das Mädchen im Rollstuhl auch einmal zum Rhythmus bewegen kann. Die Dame antwortet: „Selbstverständlich können Sie mit meiner Tochter tanzen. Sie müssen sie aber nach der Disko wieder mit dem Rollstuhl nach Hause fahren." Der junge Mann willigt etwas verlegen ein. Als er das Mädchen nach Hause fährt, meint dieses nach einiger Zeit: „Sag mal, willst Du denn gar keinen Sex mit mir?" Er ganz erstaunt: „Geht denn das im Rollstuhl?" Da zieht das Mädchen zwei Lederschlaufen aus dem Kleid und meint: „Nach der nächsten Biegung ist an unserem Grundstück ein Metallgartenzaun. Da kannst Du die Lederschlaufen einhängen und dann können wir loslegen."
Gesagt, getan - Nachdem er sie wieder in den Rollstuhl gesetzt hat, klingelt er am Tor des Zaunes. Die Mutter kommt lachend aus dem Haus und meint: „Sie sind der anständigste junge Mann, den wir in den letzten Monaten kennengelernt haben." Er: „Wieso das denn?" Die Mutter: „Die anderen Männer haben sie danach immer am Gartenzaun hängen lassen!"

Zwei junge Männer haben einen Eintagsjob bekommen und müssen an einer Bahnlinie die Schwellen nach Beschädigungen untersuchen. Die beiden vereinbaren, dass jeder in eine andere Richtung geht und dass man sich nach zwei Sunden wieder am Startpunkt trifft. Einer der beiden ist zur vereinbarten Zeit wieder am Ausgangspunkt und wartet am Bahndamm zwei Stunden, bis der andere endlich eintrudelt. Er ist verärgert und fragt, was der Säumige so lange getrieben hat. Dieser antwortet verzückt: „Zwei Kilometer hinter der nächsten Kurve lag ein tolles Mädchen und dem habe ich es mal so richtig von hinten besorgt." Darauf der andere: „Und das hat zwei Stunden gedauert? Da hättest Du Dir doch einen blasen lassen können. Das hätte sicher nicht so lange gedauert." „Wollte ich ja, aber den Kopf hab ich leider nicht gefunden!"

In der Schule

Zwei Jungen ärgern sich, dass sie von der Lehrerin eine sechs im Fach Biologie bekommen haben. Sie beschließen, sich an ihr zu rächen und einer der Jungen verkündet: „Wir machen das so: Wenn wir sie auf dem Heimweg treffen, hältst Du sie fest und ich trete ihr kräftig in die Eier!"

Der Lehrer weckt Max, der während seiner Ausführungen tief und fest geschlafen hat und fragt ihn: „Weist Du eigentlich, was Du bist?" Max antwortet: „Ja, ein aufgeweckter Junge!"

Die Lehrerin fragt ihre Schüler: „Wer kann mir ein Lebewesen nennen, das im Wasser und auch auf dem Land leben kann?" Die kleine Lisa meldet sich und antwortet: „Ein Matrose!"

„Warum kommst Du schon wieder zu spät zum Unterricht?", fragt der Lehrer die kleine Melanie. Darauf Sie: „Entschuldigung, unser Opa ist heute Nacht gestorben." - Der Lehrer: „Das kann gar nicht sein, Du lügst! Ich habe heute Morgen noch gesehen, wie dein Großvater zum Fenster herausschaute." Darauf die Melanie: „Doch, Herr Lehrer. Opa ist gestorben. Meine Eltern wollen ihn nur noch bis zum Ersten des Monats ins Fenster stellen, weil es dann die Rente gibt."

Die Lehrerin sagt zu Leon, der eine ganz knifflige Aufgabe in kurzer Zeit gelöst hat: „Du bist aber ein gewichster Junge." Leon darauf etwas irritiert: „Nun ja Frau Lehrerin, ein bisschen gevögelt haben meine Eltern sicher auch dabei."

Lehrerin: „Wer steht früh zuerst auf?" - „Die Sonne." - „Wer danach?"- „Die Vögel." - „Und wer steht denn nach den Vögeln auf, Paul?" - „Die Mutter - Vater bleibt nach dem Vögeln immer noch etwas liegen!"

Lehrer: „Warum trinken Russen Wodka, Franzosen Wein und Deutsche Bier?" Lena: „Damit man sie an den Fahnen erkennt!"

Die Hausaufgabe im Kunstunterricht lautet Körperteile malen. Fritz hat einen Penis so realistisch gezeichnet, dass die Lehrerin errötet und bezweifelt, dass Fritz es selbst gemalt hat. Beim Hausbesuch trifft die Lehrerin nur die Oma an und schildert ihr den Verdacht. Darauf die Oma, das Bild betrachtend: „Oh doch, das ist der Malstil von Fritz. Er zeichnet so realistisch. Er hat zum Beispiel mal eine Muschi so naturgetreu an unseren Kachelofen gemalt, dass sich mein Mann schon zwei Mal die Zunge daran verbrannt hat!"

Biologiestudent bei der mündlichen Prüfung - Der Professor hebt ein Tuch vom Käfig so weit an, dass man nur die Beine des darin befindlichen Vogels sieht und fragt den Studenten: „Wie heißt der Vogel, dessen Beine Sie hier sehen?" Der Student zuckt nur ratlos die Schultern. „Durchgefallen, junger Mann! Wie heißen Sie?" Da zieht der Student sein Hosenbein bis zur Wade hoch und meint: „Raten Sie mal!"

Leon schießt beim Fußballspiel während der Hofpause eine Scheibe ein. Der Direktor stürmt aus der Tür, ergreift ihn und brüllt: „Das muss bezahlt werden. Wie heißt dein Vater?" Darauf Leon: „Das weiß ich nicht, aber Mutter hat schon einige in Verdacht. Ihr Name fiel dabei auch!"

Lehrerin: „Nennt mir doch mal einen Singvogel, dessen Eier schwarz aussehen." Max: „Roberto Blanko."

Max zur Lehrerin: „Kennen Sie die einzigen Vögel, die ihre Schwänzchen vorn tragen? - Die Kastelruther Spatzen!"

Die Kinder sollten als Hausaufgabe die Berufe der Großväter erkunden. Lena: „Mein Großvater war Tischler" - Anna: „Mein Großvater war Maurer" - Kevin: „Mein Opa war der Dritte König von Nazaret." Die Lehrerin: „Kevin, das ist gar nicht möglich! Frag bitte noch einmal nach und nenne uns morgen den richtigen Beruf deines Großvaters."- Nächster Schultag: „Na Kevin?" - „Sie hatten recht, Frau Lehrerin. Er war nicht der Dritte König von Nazaret, sondern der Tripperkönig vom Lazarett!"

Im Zuchthaus

„Warum sitzt Du ein?" „Ich habe eine Scheibe eingeschlagen und zwei Jahre dafür bekommen." „Zwei Jahre wegen einer lumpigen Scheibe?" „Nein, ich habe die Kniescheibe des Wachtmeisters eingeschlagen!"

„Warum sitzt Du ein?" „Ich habe den Präsidenten mit einem Fernglas beobachtet und fünf Jahre dafür kassiert." „So viel?" „Ja, ich hatte vergessen, das Gewehr darunter abzuschrauben!"

„Warum sitzt Du ein?" „Wegen meines Glaubens. Ich hatte geglaubt, dass die Alarmanlage beim Juwelier ausgeschaltet wäre!"

Neuzugang im Knast - Aufseher: „Was sind Sie?" - „Terrorist" „Sofort raus, den Rasen sprengen!"

Zeitungsannoncen

Mann mit Hängebauch sucht Frau mit Hängebrust zum gemeinsamen Rumhängen

Junge Frau mit Top-Figur, sportlich, blaue Augen, Pferdeschwanz, sucht Partner mit gleichen Voraussetzungen

Suche Winterurlaubsplatz für meine Schwiegermutter in Österreich - möglichst mit Lawinengarantie

Aufmacher einer großen Zeitung: „Katze tötet Kampfhund!" - darunter winzig klein: „Er ist an ihr erstickt!"

Im reifen Alter

Oma Hilde zu ihrem Mann, nachdem die Gäste der Goldhochzeits- feier gegangen sind: „Heute möchte ich noch mal Sex mit Dir wie früher, als wir jung waren." Ihr Paul ist gar nicht begeistert und meint: „Hilde, das geht nach so vielen Jahren nicht mehr." Sie lässt nicht nach und so gehen sie doch noch einmal zusammen ins Bett. Schon nach kurzer Zeit steckte Paul den Kopf unter der Decke hervor und gesteht: „Ich hab's doch gesagt. Es geht nichts mehr." Da streicht ihm Hilde durch's Haar und sagt: „Ist schon in Ordnung Paul." Nach unten zeigend meint sie lächelnd: „Hauptsache, die beiden haben sich wieder einmal gesehen!"

Paul im Park zu Eduard: „Siehst Du die knackige Blonde dort? Wenn ich die jungen Dinger so sehe, möchte ich schon noch mal zwanzig sein." Darauf meint Paul: „Du bist wohl beknackt? Wegen der paar Minuten Spaß willst Du noch mal fünfundvierzig Jahre in der Firma schuften?!"

Opa zu Oma: „Und Elfriede, wie sieht es aus? Ich würde Dich gerne mal an die ehelichen Pflichten erinnern... heute Abend?" Elfriede beschwörend: „Du weißt doch, unser Enkel ist grade erst ins Bett und der Junge hat einen leichten Schlaf. Wenn der uns überrascht, bekommt er einen Schock für's Leben." Paul ist sauer, geht frustriert in die Küche und öffnet sich eine Sektflasche. Dabei gleitet ihm der Stöpsel aus der Hand und rauscht mit einem lauten Knall an die Küchendecke. Danach öffnet sich sacht die Schlafzimmertür und der Enkel meint zur Großmutter: „Oma, hättest Du Opa lieber rangelassen! Jetzt hat er sich vor Wut erschossen!"

Ein uralter Russe aus Moskau erzählte seiner Frau, wie weit die Deutschen in technischer Hinsicht 1945 schon waren. Als junger Offizier im vaterländischen Krieg sei er in einer Berliner Villa einquartiert gewesen. Er berichtete vom Luxus in diesem schönen Gebäude und behauptete, dass es dort sogar ein goldenes Klo gegeben hätte. 1995 fuhr er nun noch einmal nach Berlin und fand die Villa tatsächlich noch am alten Platz. Als er klingelte, kam eine ebenfalls betagte Frau heraus. Er erkannte sie und meinte: „Ich bin Aljoscha, der nach Kriegsende bei Ihnen einquartiert war. Das ist meine Frau Natascha, die mir nicht glauben will, dass bei Ihnen im Haus damals schon ein goldenes Klo stand. Die Frau schaute ihn an, drehte sich um und rief laut die Treppe hinauf: „Fritz komm doch bitte mal. Hier ist der Russe, der Dir 1945 immer in deine Basstuba geschissen hat!"

Oma Helga zu ihrem Manfred: „Mit Dir ist auch nicht mehr viel los. Du drehst Dich jeden Abend zur Seite und schnarchst. Früher hast Du mir ein Küsschen gegeben, auch mal zärtlich übers Haar gestrichen, ins Ohrläppchen gezwickt und wenn Du richtig heiß warst, auch mal zart in meine Brust gebissen." Manfred bekommt ein schlechtes Gewissen. Er dreht sich sofort zu seiner Helga, gibt ihr ein Küsschen, streicht ihr zärtlich übers Haar, zwickt sie ins Ohr und steht dann unvermittelt auf. Helga: „Sei jetzt nicht albern. Ich wollte Dich nicht beleidigen." Er erklärend: „Nein, nein, ich hole nur mein Gebiss aus dem Bad, um Dir in die Brust zu beißen!"

„Als was verkleidest Du dich dieses Jahr zum Karneval?", ruft Alma Albert im Wohnzimmer zu. Er antwortet: „Ich geh als Känguru." Darauf Alma zurück: „Das passt genau! - Große Sprünge und leerer Beutel..."

Sex im Alter flacht oft etwas ab. Gedanken muss man sich allerdings erst machen, wenn sie ihn nach dem Sex am nächsten Morgen fragt: „Wie lange hast Du denn gestern Abend noch gemacht?!"

„Paul, hast Du mit deiner Frau auch noch ausgefallenen Sex?" Paul darauf: „Ständig!" - „Wie?"- „Letzten Monat ausgefallen, diesen Monat ausgefallen und nächsten Monat fällt er sicher auch wieder aus!"

Der Enkel zum Opa: „Gehst Du mit mir in den Zirkus?" Opa lehnt lustlos ab. Der Junge bohrt weiter: „Du, die haben dort tolle Elefanten, Tiger und Affen." Opa wieder lustlos: „Ach - heute nicht - die Tiere können wir uns auch im Tierpark ansehen." Der Junge quengelt weiter: „Sandra aus dem Kindergarten war erst gestern dort. Die sagt, da wäre ein hübsches Mädchen, das auf einem Schimmel reitet und einen ganz kleinen Bikini trägt." Opa plötzlich hellwach: „Du, den Schimmel schauen wir uns doch mal an!"

Frau Lehmann (92) will ihren Pfleger (22) heiraten. Ihr Arzt sagt: „Bei dem Altersunterschied kann jeder Sex tödlich sein" - Sie: „Wenn er's nicht durchhält, tut es mir leid. Dann ist seine Zeit eben gekommen."

Oma zur Nachuntersuchung beim Doktor, der sie wegen ihrer Wechseljahre behandelt hat: „Herr Doktor, Sie haben mir ja nun die Pille gegen meine Rückgangsschwierigkeiten verschrieben. Mit der Anwendung habe ich aber große Schwierigkeiten. Immer, wenn ich einen großen Schritt mache, fällt sie mir wieder heraus!"

Oma legt Opa während des starken Regens vor das Haus. Die Nachbarin fragt nach dem Grund. Da meint Oma: „Im Radio sagen sie doch, bei Hochwasser soll man alte Säcke vor die Tür legen!"

Ein Ehepaar gibt sich Rätsel auf, um besser einschlafen zu können. Er: „Es hängt an der Wand und macht Muh." - Sie: „Weiß ich nicht" - Er: „Eine Kuckucksuhr. Das Muh war nur, damit es schwieriger wird." Darauf sie: „Es steht unter dem Bett, hat einen Henkel und man braucht es abends oder früh."- Er: „Ein Nachttopf?" - Sie: „Nein, die Hausschuhe. Den Henkel hab ich nur ergänzt, damit es schwieriger wird."

Ein älteres Pärchen hat sich erst kennengelernt. Als sie zum ersten Mal miteinander schlafen, meint sie: „Gib bitte acht, ich habe es im Kreuz." Darauf er: „Gut, dass du mich darauf aufmerksam machst. Ich hätte es an der üblichen Stelle gesucht!"

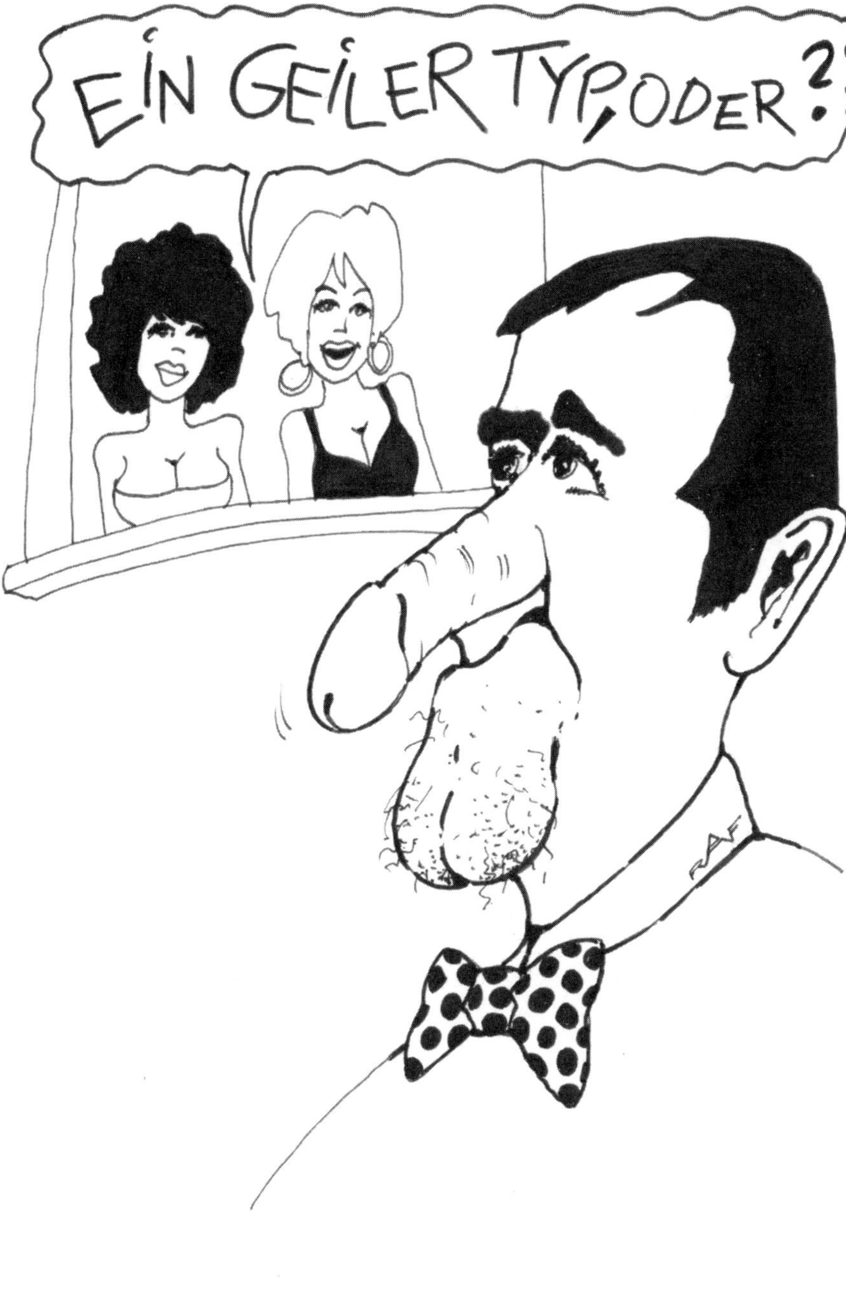
EIN GEILER TYP, ODER?

Kur - Licht & Schatten

Nach 14-tägiger Trennung besucht Hans seine Frau erstmals bei der Kur. Auf sein Drängen in Bezug auf eheliche Pflichten meint seine Frau, im Kurhaus habe sie keine Muse. Hans schlägt ein Schäferstündchen im Auto am Waldrand vor. Dabei werden sie vom Förster überrascht, der von Hans 10 Euro, von seiner Frau jedoch 30 Euro Strafe verlangt. Hans fragt den Förster, warum seine Frau 30 Euro bezahlen soll. Darauf antwortet dieser: „Bei ihr ist es diese Woche auch schon das dritte Mal!"

🌡

Peter und Werner treffen sich im Zug auf der Fahrt zur Kur. Peter: „Wie viele Kondome hast Du denn für die Kurschatten mit?" - „11 Stück. Mehr gingen leider nicht drauf!"

🌡

Paul bringt seine herrische Gattin zum Bahnhof. Sie erklärt ihm dabei pausenlos, was er während ihrer Kur alles daheim tun soll. Er kann kein einziges Wort zwischen ihren Redeschwall einflechten. Kaum auf dem Bahnhof angekommen, steigt sie in den Zug, reißt das Abteilfenster auf und setzt ihre Anweisungen in forschem Ton fort: „Gieß die Blumen, füttere die Katze pünktlich, mach mir ja nicht mit anderen Frauen rum, etc. etc." Paul versucht vergeblich, ihr zwischendurch etwas Wichtiges mitzuteilen.
Als der Zug abfährt, schreit sie ihm noch zu: „Wenn du etwas Wichtiges zu sagen hast, kannst du es mir ja schreiben." Zuhause angekommen schreibt Paul nur einen Satz auf Briefpapier: „Christa, Du sitzt im falschen Zug!"

🌡

Dieter und Peter machen eine Kur an der Ostsee. Jeden Tag stolzieren sie mit eingezogenen Bäuchen an den Strandschönheiten vorbei. Schließlich fragt Peter: „Dieter, warum schauen die Mädchen bei Dir immer so interessiert und mich beachten sie überhaupt nicht?" Dieter schaut abschätzend zu Peters Badehose und meinte schmunzelnd: „Das liegt an deiner Badehose oder besser an dem, was nicht drin ist. Ich würde Dir raten, eine längliche Kartoffel aus der Kurheimküche in die Badehose zu stecken. Wirst sehen, wie die Mädels Dich dann bewundern."

Am nächsten Tag kommt Peter ganz aufgeregt angehüpft und meint: „Du, ich glaub, die Mädels haben das mit der Kartoffel gemerkt. Die haben mich ja alle ausgelacht!" Dieter schaut ihn an und klärt auf: „Du Dussel musst die Kartoffel auch vorn hineinstecken und nicht hinten!"

🌡

Petra aus Berlin schaute ihre Freundin bewundernd an und meinte: „Du siehst ja toll aus. Machst Du irgend wat?" Diese erwiderte: „Ick mach zur Zeit ne Essig-Kur." Als Petra sie fragte, wie diese geht, erklärte sie: „Ess ick, oder ess ick nich?"

🌡

Drei angetrunkene Männer in der Gartenkneipe unterhalten sich, wer wohl die einfältigste Frau zu Hause hat. Der erste erzählt: „Meine Frau hat sich jetzt ein Auto gekauft und besitzt gar keinen Führerschein!" Der nächste berichtet: „Meine Frau ist noch schlimmer. Die hat sich jetzt einen Rasierapparat gekauft und hat gar keinen Bart." Die drei schütten sich vor Lachen fast aus. Schließlich meinte der dritte: „Meine Frau ist an Einfältigkeit nicht zu übertreffen. Ich habe in ihrem Reisekoffer für die Kur vier Päckchen Kondome gefunden. Dabei fahre ich gar nicht mit!"

🌡

Max kommt regelmäßig zu spät zum Skatabend und alle wissen, dass es an seiner Frau liegt, die ihn ordentlich an der Kandare hält. Deshalb ist er immer wieder dem Spott seiner Kumpane ausgesetzt. Sie raten ihm, doch einmal richtig auf den Tisch zu pochen und seiner Holden zu zeigen, wer der Herr im Haus ist. Beim nächsten Treffen sitzt Max schon am Stammtisch, als die anderen die Kneipe betreten. Erstaunt fragen sie ihn, ob er den Ratschlag befolgt hat. Max antwortet stolz:

„Und wie! Ich habe auf den Tisch geschlagen, dass das halbe Geschirr zu Bruch ging. Anschließend habe ich die Gardinen heruntergerissen und zur Sicherheit noch den Fernsehapparat eingetreten." Erstaunt fragen die Skatbrüder: „Und was hat deine Frau dazu gesagt?" Max zuckt mit den Schultern und meint: „Noch gar nichts. Sie kommt ja morgen erst von der Kur zurück!"

Drogerie-Alltag

Ein Mann kommt in die Drogerie: „Ich möchte für meine Verlobte ein Stück rosa Seife in bläulichem Geschenkpapier mit gelber Schleife."
Nach fünf Minuten kommt der Mann wieder: „Ich möchte doch lieber ein blaues Stück Seife in gelbem Geschenkpapier mit rosa Schleife."
Nach kurzer Zeit kommt der Mann ein drittes Mal: „Ich möchte nun doch lieber ein gelbes Stück Seife in rosa Geschenkpapier mit blauer Schleife."
Zähneknirschend übergibt der Drogist dem schwierigen Kunden das gewünschte Paket mit einer Großpackung Kondome obenauf. Auf die Frage nach dem Sinn der Verhüterli antwortet der Drogist: „Ich will damit nur sicherstellen, dass sich solche Riesenarschlöcher wie Sie nicht vermehren!"

🛍

Ewald kommt in die Drogerie gestürmt: „Ich brauche dringend fünf Schachteln Kondome. In unsere Pension kommen drei Busse mit scharfen Frauen!" Am nächsten Tag kommt Ewald wieder: „Ich brauche dringend zwei Tuben Handcreme."- „Warum das?" - „Die Busse sind nicht gekommen!"

🛍

Ernas Enkel schreibt ihr die Marke eines TV-Geräts auf, das er sich zum Geburtstag wünscht. Da er keinen passenden Zettel zur Hand hat, schreibt er den genauen Typ auf die Rückseite einer Kondomschachtel. Erna geht in eine nahe gelegene Drogerie. Zu allem Unglück legte sie den Zettel verkehrt herum auf den Ladentisch. Der junge Verkäufer sieht sie erstaunt an und fragt: „Wie viel sollen es denn sein, Oma?" „Na einer, oder denken Sie, ich bin Millionär." Dann fragt sie noch: „Hat man damit auch wirklich guten Empfang, wie mein Klaus sagt?" Der junge Mann wieder verwundert: „Sicher, wenn Sie die Spitze sorgfältig abschneiden!"

Enkelkinder

Kevin ist am Weihnachtstag bei seinen Großeltern im Wohnzimmer und spielt mit seiner neuen Eisenbahn. Dabei ruft er immer: „So, bitte alles einsteigen. Die kleinen Arschlöcher vorn, die mittleren Arschlöcher in der Mitte und die großen Arschlöcher hinten." Das wiederholt sich nun immer wieder und Oma in der Küche hat schon mehrfach nach Kevin gerufen, er solle doch endlich essen kommen. Als er nach der fünften Aufforderung immer noch nicht erscheint, kommt Oma ins Wohnzimmer gestürmt und zieht ihn an den Ohren in die Küche. Während er widerwillig isst, muss er Omas Standpauke über sich ergehen lassen.

Nachdem er unter den wachsamen Augen von Oma den letzten Bissen hinuntergewürgt hat, geht er wieder zu seiner neuen Eisenbahn und ruft: „So, wieder alles einsteigen und wegen des großen Arschlochs in der Küche haben wir jetzt eine halbe Stunde Verspätung!"

🎧

Omi fährt mit ihrem Enkel Ron in der Kleinbahn nach Oberwiesenthal. Im Abteil gegenüber sitzen zwei feine Damen, die sich in gepflegtem Hochdeutsch über den urig erzgebirgischen Dialekt des Jungen echauffieren. „Hör Dir doch den fürchterlichen Dialekt dieses Jungen an. Aus solch einem Kind kann ja nichts werden." Ron merkt, dass die Damen schlecht über ihn sprechen. Er kniet sich nieder und beginnt, den Boden des ganzen Abteils abzusuchen. Nach einer Weile fragen die Damen, was er denn sucht. Er meinte nur: „Eine Kugel!" Daraufhin knien sich die Damen ebenfalls und suchen den Boden nach der vermeintlichen Kugel ab. Nachdem ihre Strumpfhosen daran glauben mussten, fragen die Frauen. „War denn die Kugel wirklich so unersetzlich?" Ron schiebt seinen Zeigefinger ins linke Nasenloch und meinte grinsend: „Nein, ich kann mir auch eine neue machen!"

🎧

Der neue Pfarrer von Wolkenstein fragt mit einem Brief in der Hand einen kleinen Jungen nach dem Weg zur Post. Der kleine antwortet frech: „Das verrate ich Dir nicht." Der Pfarrer ist erstaunt und sagt verärgert: „Wenn Du so unartig bist, kommst Du nicht in den Himmel!" Darauf der Kleine: „...und Du nicht auf die Post!"

🎧

Die Kinder sollten als Hausaufgabe Tierstimmen üben. Ein Kind macht die Katze nach, ein anderes bellt wie ein Hund. Als Max an der Reihe ist, gibt er zu, leider kein Tier imitieren zu können. Sein Großvater hingegen könne einen heulenden Wolf täuschend echt nachahmen. Die Lehrerin weiß, dass Max oft lügt, wenn es um Hausaufgaben geht. Die Klasse geht also kurzerhand zum Haus des wolfsheulenden Großvaters. Max bittet Opa nun, das Wolfsgeheul vorzuführen. Der antwortetet: „So etwas kann ich nicht!" Daraufhin Max: „Aber Du hast mir doch gestern von den wunderschönen Mädchen in den Häusern während des Krieges in Paris erzählt." Da fangen Opas Augen an zu leuchten, er spitzt den Mund und es kommt ein langes: „Huuuuuuuuuuu!" Max zur Lehrerin: „Ich hab's doch gesagt!"

🎧

Die Lehrerin fragt die Kleinen in der Schule: „Kinder, was könnte denn noch schlimmer sein, als ein Herzschrittmacher?" - Sven meldet sich: „Ein Kabelbrand im Herzschrittmacher!"

🎧

Opa zum Enkel: „Du sollst keine Leute grüßen, die Du nicht kennst." Enkel: „Den kenn ich Opa, der ist vom Umweltamt." - „Du kennst doch im Leben niemanden vom Umweltamt. Wie kommst Du denn darauf?" - „Doch Opa. Immer wenn Papa am Dienstag zum Skatabend geht, kommt der Mann zu Mama und fragt, ob die Luft rein ist!"

🎧

Opa hat aus dummer Angewohnheit einen Grashalm im Mund, als er seinem Enkel die Heilpflanzen auf der Frühlingswiese erklärt. Der Kleine sieht das und fragt: „Opa, kriegen wir jetzt ein riesengroßes Auto?" - „Warum denn, mein Liebling?" - „Weil Mama gesagt hat: Wenn Opa mal ins Gras gebissen hat, kaufen wir uns ein riesengroßes Auto!"

🎧

Paulchen geht nach der Schule zu den Großeltern. Bei den Hausaufgaben fragt er: „Opa, wo liegen denn die Osterinseln?" - Opa: „Woher soll ich denn das wissen. Frag doch Oma. Die räumt doch immer alles weg!"

🎧

Oma schimpft mit dem Enkel: „Du sollst doch sagen, wenn die Milch überkocht." - „Mach ich doch, Oma - Es war genau 10 Uhr und 25 Minuten."

🎧

Opa fragt Enkel: „Wie gefällt Dir denn der Englischunterricht?"- „Och, ganz gut. Aber die vielen Fremdwörter nerven schon!"

🎧

Sara zu Ron im Kindergarten: „Ron, was ist eigentlich Hygiene?" Ron: „Das sind so braune Hunde in Afrika, die Aas fressen!"

🎧

Das Enkelkind ist nach einem langen Fernsehabend bei Opa in der Sofaecke eingeschlafen. Der Großvater schaltet also auf einen Erotikfilm um, der gerade begonnen hat. Plötzlich merkt er, dass der Kleine wieder aufgewacht ist und mit großen Augen in den Fernsehapparat stiert.

Opa zieht die Notbremse und sagt: „So Kevin, jetzt geht's ins Bett. Die Tanten im Fernsehen sind auch schon ausgezogen!"

♙

Der Opa: „Junge, dein Zeugnis gefällt mir aber gar nicht."- „Mir auch nicht Opa, aber ich freue mich, dass wir beide den gleichen Geschmack haben!"

♙

Paul kommt in die 1. Klasse. Opa fragt: „Wie gefällt es Dir denn in der Schule?" „Ganz gut, nur die Stunden zwischen den Pausen nerven gewaltig!"

♙

Oma will mit ihrer Enkelin ins Kino, wäscht sich noch und sprüht Deo unter die Arme. Die umweltbewusste Enkelin ist entsetzt: „Omi - denkst Du denn gar nicht an das Ozonloch?" Oma entrüstet: „Na hör mal, dazu nehme ich schon noch den Waschlappen!"

♙

Die kleine Lena wird von Oma in den Kindergarten gebracht. Sie läuft gleich zu klein Kevin und flüstert: „Du, ich habe mit Oma am Gartenheim ein Kondom gesehen!" Darauf der Kleine: „Und was ist ein Gartenheim?!"

♙

Enkel zu Opa: „Warum bist Du Vegetarier?" Opa: „Weil ich tierlieb bin." Enkel: „Und warum isst Du dann den Tieren das ganze Futter weg?!"

♙

Oma zur Enkeltochter: „Du musst immer schön aufessen, sonst wird kein schönes Wetter!" Darauf der Opa: „Jaja, das haben unsere Eltern auch immer gesagt. Und was haben wir davon? Dicke Menschen und Globale Erwärmung!"

Mama und Papa werden von ihrer kleinen Tochter beim Liebesspiel er-
tappt. „Was machst Du da auf Papa?" Mama antwortet verstört: „Papa
hat zu viel Luft in seinem dicken Bauch, die drücke ich raus." Darauf
die Tochter: „Das hat doch keinen Zweck! Dienstags, wenn Du im
Sport bist, bläst ihn die Nachbarin wieder auf!"

🎧

Oma hat Besuch von der 17-jährigen Enkelin Kim, die ihr erzählt,
dass sie wieder einmal nach Berlin trampen will. Oma möchte wissen,
wie viel so eine Reise kostet. Kim erklärt, dass man beim Trampen gar
nichts bezahlt und einfach per Anhalter mit einem Auto mitfährt. Oma
wird neugierig und beobachtet Kim heimlich dabei, wie sie an der Autobahn ihre Arme zur Seite hält und eine flatternde Bewegung ausführt
und gleich darauf ihre Hände über dem Kopf spitz zusammenfaltet.
Sofort hält ein Auto an, Kim steigt ein und ist weg.
Da Oma auch gerne einmal umsonst nach Berlin fahren möchte,
macht die das gleiche wie ihre Enkelin. Nachdem unzählige Autos
vorbeigefahren sind, hält endlich ein junger Mann an und meint mitleidig: „Omi, dass Du vögelst kaufe ich Dir ja noch ab. Aber Spitzen-
klasse in deinem Alter?... Das glaub ich Dir nicht!"

🎧

Oma ist mit Enkel Franz im Krankenhaus bei seiner gerade gebore-
nen Schwester. Franz bestürzt: „Das Ding soll meine Schwester sein,
Oma?" Die Oma darauf: „Aber sicher ist das deine Schwester, Franz.
Das ist ein Geschenk des Herrn, das sich deine Eltern bestellt haben!"
Darauf Franz: „Oma, das Geschenk ist so hässlich, bei dem Herrn be-
stellen wir aber nichts mehr!"

🎧

Opa kommt in das Zimmer von Enkel Max und fragt, was das für eine
blaue Pille auf dem Tisch sei. Der meint: „Habe ich von meiner Klas-
senkameradin Kim. Die soll gut für die Liebe sein, kostet aber 10 Euro."
Opa fragt, ob er das Ding mal ausprobieren kann und verspricht, dass
er die 10 Euro am nächsten Tag bezahlt. Am nächsten Morgen legt

Opa 50 Euro auf den Tisch. Max meint, das seien vierzig Euro zu viel. Darauf der Opa: „Nein, nein, das stimmt schon so. Der Rest ist von Oma, mit einem ganz lieben Gruß von ihr!"

🎧

Die Enkelin: „Opa, stell Dir vor, der Partner meiner Freundin Tina ist ein Hypochonder." - Darauf Opa: „Es ist doch immer wieder das gleiche. Die Ausländer schnappen sich die schönsten Mädels weg!"

🎧

Opa zum Enkel: „Ihr habt es auch nicht leicht. Früher hat man noch Mädchen gefunden, die kochen konnten wie ihre Mütter. - Heute findet man nur Mädchen, die saufen können wie ihre Väter!"

🎧

Opa zum Enkel: „Weißt Du, wie wir früher die Mädels rumgekriegt haben? Mit dem Tanzmöhrentrick. Einfach eine Möhre in die rechte Hosentasche und dann ganz eng tanzen. Das Mädel weicht dann automatisch nach links aus und dort wartet der Richtige!"

🎧

Zwei Enkelkinder unterhalten sich auf dem Spielplatz. Sara: „Wo gehen die Störche eigentlich hin, wenn sie die Babys geliefert haben?" Kai, ohne zu überlegen: „Na, ich glaube, in Papas Hose zurück."

Hilfe, Polizei

Ein alter Mann mit einem teuren Mercedes hält bei einem Polizisten und sagt freundlich: „Gut, dass ich Sie treffe. Können Sie mir verraten, wo es nach Weimar geht?" Darauf der Wachtmeister: „Das kann ich wohl, aber erst einmal zahlen Sie 100 Euro Strafe, weil hier Halteverbot ist." Die Oma auf dem Beifahrersitz meint: „Ernst, bezahl und dann bloß weg hier!" - Opa bezahlt und schleicht im ersten Gang davon.

Kurz darauf hält er wieder bei einem Beamten und sagt: „Gut, dass ich Sie treffe. Können Sie mir verraten, wo es nach Weimar geht?" Darauf der Wachtmeister: „Ja, aber erst einmal zahlen Sie 100 Euro Strafe, weil hier Halteverbot ist." Die Oma auf dem Beifahrersitz meint: „Ernst, bezahl und dann bloß weg hier!" - Opa bezahlt und schleicht wieder im ersten Gang davon.
Das gleiche Spiel wiederholt sich noch drei Mal, bis der Wachtmeister zu Opa sagt: „Ich kann Sie ja gerne den ganze Tag abkassieren, aber wollen Sie den Kreisverkehr nicht endlich einmal verlassen?!"

Ein Polizist stoppt ein älteres Ehepaar, das mit dem Wagen falsch in die Einbahnstraße eingebogen ist. Der Wachtmeister fragt die Frau am Steuer: „Wissen Sie, was Sie falsch gemacht haben?" Darauf die Frau mit angewidertem Blick zu ihren Mann: „Ja, sicher weiß ich das. Aber eine Trennung nach vierzig Jahren Ehe lohnt sich doch nicht mehr!"

Ein Polizist hält ein Auto an, das offensichtliche Schlangenlinien fährt. Er fragt den Fahrer: „Na, wie sieht es denn bei Ihnen mit Alkohol aus?" Darauf lallt der angetrunkene Fahrer: „Unglaublich. Jetzt fängt die Polizei auch noch an zu betteln!"

„Sie brauchen eine neue Brille", sagt der Wachtmeister zu einer Frau, die gerade ihren Unfall in einer Baustelle zu Protokoll gibt. „Das Hinweisschild heißt nicht, *Brücke zum Ententeich*, sondern *Brücke endet gleich!*"

Zwei Polizisten auf Streife unterhalten sich: „Du hast doch eine Neubauwohnung bekommen. Die ist doch hier irgendwo?" Der andere zeigt auf einen Balkon im dritten Stockwerk des Neubaublocks: „Dort, die Frau, die nackt über den Balkon läuft, das ist meine." - „Und der nackte Mann, der ihr hinterherläuft!?" - „Das bin normalerweise ich!?"

Ein kleiner Junge sagt zu einem Polizisten. „Ich habe einen Gummi-knüppel gefunden, ist das Ihrer?" Der Beamte: „Nein, das kann nicht sein. Ich habe meinen nämlich verloren!"

Ein junger Streifenpolizist fährt mit seinem Kollegen ständig um das Krankenhaus herum, weil seine Frau zur Niederkunft der erwarteten Zwillinge dort eingeliefert wurde. Per Handy wird er über den Beginn der Geburt informiert. Der werdende Vater stürmt in seiner Dienst-uniform genau in dem Moment in den Kreißsaal, als der Kopf des ers-ten Zwillings das Licht der Welt erblickt. Der Kopf verschwindet aber sofort wieder im Schoß der Mutter und man hört die beiden innen tuscheln: „Du, - wir müssen hinten hinaus,- vorne stehen die Bullen!"

Ein kleiner Junge beobachtet eine Weile, wie ein Polizist mit seiner Laserpistole harmlosen Autofahrern auflauert und sie dann ordentlich abkassiert. In einer schöpferischen Pause fragt der Polizist freundlich: „Na Kleiner, Du willst wohl auch mal Polizist werden?" Darauf der fre-che Knirps: „Ich nicht, aber mein Bruder, der hinterlistige faule Sack!"

Einstellungsgespräch bei der Polizei: „Wie viel ist zwei mal vier? Kleine Hilfestellung: sieht aus wie eine Brezel" - Antwort: „Sieben" - „Stimmt zwar nicht, aber Sie waren von allen Kandidaten am nächsten dran. Eingestellt!"

Ein Polizist versteckt sich hinter einem Brückenpfeiler und blitzt ein Auto mit überhöhter Geschwindigkeit. Der Fahrer entschuldigt sich für den Verstoß: „Ich muss leider ganz schnell ins Institut, weil es neue Erkenntnisse auf meinem Forschungsgebiet gibt." Der Beamte fragt in-teressiert, woran er arbeite. „Ich arbeite an neuen Methoden der After-Erweiterung." Der Polizist erstaunt: „Was ist denn das?" - „Wir erwei-tern den After mit Spreizhülsen auf einen Durchmesser von bis zu 37

cm." Der Polizist: „Und wozu brauchen Sie so riesige Arschlöcher?"
Antwort: „Denen geben wir Laserpistolen in die Hand, damit sie harmlosen Autofahrern hinter Brücken auflauern können!"

Ein Polizist zu seinem Kollegen im Streifenwagen. „Was bedeutet eigentlich dieses OF auf dem Nummernschild des Wagens vor uns?" Der
andere: „Vielleicht *Ohne Ferstand*?" Der erste: „Aber schreibt man das
nicht eigentlich mit V?" Darauf erwidert der andere: „Da kannst Du
mal sehen, wie blöde die sind!"

Die Kripo in Grönland fragt einen Verdächtigen: „Haben Sie ein Alibi
für die Nacht vom 18. November bis zum 16. März?"

Ehegedanken

Wer heiratet, kann die Sorgen teilen, die er vorher nicht hatte!

Wer morgens zerknittert aussieht, hat am Tag noch viele Entfaltungs-
möglichkeiten!

Ein Mann ist ein Finanzgenie, wenn er sein Geld schneller verdient,
als es seine Familie ausgibt.

Jede Frau ist imstande, aus einem Mann einen Millionär zu machen -
wenn er vorher Milliardär war.

Ein älterer Mann zu seiner herrschsüchtigen Frau: „Früher bin ich drei
Stunden mit dem Fahrrad gefahren, um Dich zehn Minuten zu se-

hen. Wenn ich Dich heute zehn Minuten sehe, möchte ich danach am liebsten drei Stunden Fahrrad fahren."

Eine Frau ist unmoralisch, wenn sie sich auf Kredit an- und für Bargeld auszieht!

Hauptsache, man ist gesund und die Frau hat Arbeit!

Beim Psychiater

Psychiater zum Patienten: „Mögen Sie Frauen, die viel reden oder die anderen?" Patient: „Welche anderen?"

„Herr Doktor, mein Mann isst zum Frühstück immer seine Kaffeetasse auf und lässt den Henkel übrig." Arzt: „So ein Irrer, wo der Henkel doch das Beste ist!"

„Herr Doktor, mein Mann denkt, er sei ein Raumschiff." „Ja nun, da muss er mal zu mir kommen." „Ja, - aber wo kann er denn bei Ihnen landen?"

„Herr Doktor, ich habe sehr schlechte Träume."- „Welche?" - „Mich fragt jede Nacht ein kleines Männchen: *Heute schon Pipi gemacht?* Ich sage Nein und dann antwortet es: *Na dann wollen wir mal!* Früh ist mein Bett dann immer nass." Psychiater: „Sagen Sie doch beim nächsten Mal einfach: *Ja, habe ich schon.*"
Nächste Nacht kommt das Männchen wieder: „Heute schon Pipi gemacht?" Antwort: „Ja, habe ich schon." - „Auch Stuhlgang?"- „Nein!"- „Na dann wollen wir mal!"

„Herr Doktor, mein Mann hält sich für eine Nachttischlampe." „Dann schalten Sie ihn doch einfach aus, gnädige Frau." „Ja, aber dann sehe ich doch nichts mehr beim Lesen!"

„Herr Doktor, mein Mann denkt, er sei ein Pferd." „Oh, das scheint ein schwieriger Fall zu sein. Das erfordert sicher viele Sitzungen und wird bestimmt sehr teuer." „Ach, finanziell gibt es da kein Problem. Er hat ja schließlich sehr viel Geld eingenommen bei den vier Pferderennen, die er gewonnen hat!"

„Sie können entlassen werden Herr Maier. Schließlich haben Sie ja eingesehen, dass Sie keine Katze, sondern ein Mensch sind." Fünf Minuten später steht Herr Maier mit schlotternden Knien wieder vor dem Psychiater und flüstert: „Vor der Tür steht ein Hund." Der Arzt: „Aber Sie wissen doch nun, dass Sie keine Katze sind." Antwort: „Ja, aber weiß das der Hund auch?"

„Herr Doktor, mein Mann glaubt, er sei ein Hubschrauber." „Na, dann kommen Sie doch einfach mal mit ihm bei mir vorbei!" „Das ist leider nicht möglich. Er hat nur einen Sitz!"

Beim berühmt berüchtigten Psychiater, der den sogenannten Idioten-Test für Alkoholsünder durchführt, sind drei neue Delinquentinnen vorgeladen. Der Psychiater gilt als verbittert und streng, weil seine Ohren durch einen Unfall mit einem alkoholisierten Autofahrer für immer verkrüppelt wurden.
Die erste Frau tritt ein und er fragt: „Fällt Ihnen an mir etwas auf?" Sie darauf: „Vielleicht Ihre verkrüppelten Ohren?" Wütend brüllt er: „Unverschämtheit - Durchgefallen!" Der nächsten Alkoholsünderin stellt er die gleiche Frage und erhält die gleiche Antwort. Wieder sein Lieblingsausspruch: „Unverschämtheit - Durchgefallen!"

Die dritte Dame tritt ein und antwortet auf seine obligatorische Frage: „Mir fallen Ihre schönen Kontaktlinsen auf." Die Augen des Psychiaters hellen sich auf und erfreut fragte er weiter: „Wie haben Sie nur herausgefunden, dass ich Kontaktlinsen trage?" Da antwortete die Frau: „Weil auf Ihren verkrüppelten Ohren mit Sicherheit keine normale Brille halten würde!"

„Herr Doktor, ich glaube mein Mann ist auf Dienstreise schon oft beim Fremdgehen erwischt worden." - „Wieso?"- „Nun, immer, wenn es bei Gewitter blitzt, springt er aus dem Bett und schreit: Okay - ich kaufe alle Negative!"

„Herr Doktor, ich glaube, ich bin eine Motte." Der Arzt zur Patientin: „Da sind Sie aber bei mir falsch. Der Psychiater praktiziert ein Stockwerk tiefer." Sie: „Ich weiß, aber bei Ihnen hat schon Licht gebrannt, da habe ich mich verflogen!"

„Herr Doktor. Ich leide unter der Wahnvorstellung, dass mich alle ignorieren!" „Der Nächste bitte!"

„Herr Doktor, ich höre oft Stimmen, sehe aber niemanden." - „Wann tritt das immer auf?" - „Vorwiegend beim Telefonieren!"

Azubis

Der Azubi in einer Bank wird zum ersten Mal an den Bankschalter gestellt. Nach einer Weile lässt er seinen Ausbilder rufen und meint: „Ich weiß nicht, was der Kunde von mir möchte. Er zeigt mir immer wieder schweigend ein Kondom und ein Ei." Der Ausbilder: „Verzeihung, das hätte ich Ihnen sagen müssen... Das ist Herr Lehmann. Er ist taubstumm und möchte dem Vernehmen nach einen Überziehungskredit bis Ostern!"

Der Azubi zum Malermeister: „So Chef, die Fenster habe ich gestrichen. Soll ich die Rahmen jetzt auch gleich noch streichen?!"

Der Lehrling eines Schmiedes bekommt den großen Vorschlaghammer und der Schmied sagt zu ihm, während er mit dem Trennhammer noch die genaue Stelle anpeilt: „Erst wenn ich nicke, schlägst Du zu." Als er im Krankenhaus wieder zu sich kommt, merkt er, dass diese Anweisung zweideutig verstanden werden konnte.

Der Azubi eines Elektrobetriebs wird in der mündlichen Prüfung nach dem Erfinder der elektrischen Batterie gefragt. Die Antwort kommt zur Belustigung der Prüfungskommission sofort. Er mutmaßt: „Voltaire?"

Ein Azubi bei einem Fußbodenleger hat den Auftrag, im Wohnzimmer einer alten Dame Teppichboden zu verlegen. Nachdem er den Belag verklebt hat, will er noch eine Zigarette rauchen. Er kann seine Zigarettenschachtel nicht finden, entdeckt dafür aber eine Erhöhung in gleicher Größe unter dem frisch verklebten Belag. Da es keine Möglichkeit mehr gibt, an die Schachtel zu kommen, ohne alles noch einmal herauszureißen, hämmert er die Beule einfach glatt, bis man nichts mehr davon sieht.

Als er sein Werkzeug zum Auto bringt, ruft ihm die alte Dame nach: „Hier ist Ihre Zigarettenschachtel. Die haben Sie auf dem Balkon vergessen. Aber sagen Sie mal, haben Sie meinen Kanarienvogel gesehen? Ich kann ihn nirgends finden."

Ein Azubi wird zum ersten Mal mit einer Motorsäge in den Wald geschickt, um Bäume zu fällen. Am Abend fragt der Förster: „Na, wie viele Bäume hast Du geschafft?" Der Azubi meint abgekämpft: „Einen Baum, das war aber eine Plackerei." Der Förster wütend: „Was soll das denn? War etwas kaputt?" Er zieht am Anlasser der Säge und lässt sie aufheulen. Da meint der Azubi staunend: „Ach, mit Motor geht die auch?"

Der Azubi in der Installationsfirma wird mit dem Firmenwagen zum Kunden geschickt. Kurz darauf bekommt der Chef einen Anruf vom Lehrling: „Chef, der Außenspiegel am Wagen ist kaputt!" Der Chef: „Kauf einen neuen und tausche ihn aus." Antwort: „Das geht nicht. Das Auto liegt darauf!"

Der Azubi ist mit dem Firmenwagen unterwegs und ruft den Chef an: „Chef, ich habe Wasser im Vergaser!" Der Chef barsch: „Dann schütten Sie es gefälligst aus, Sie Einfaltspinsel." - „Geht nicht!" - „Wieso?" - „Das Auto liegt im See!"

Ein Azubi in einem Modegeschäft muss zum ersten Mal bedienen. Die Dame fragt ihn: „Passt das rote Kleid zu meinen roten Haaren?" Er darauf: „Nein, aber das gelbe würde sicher gut zu Ihren Zähnen passen."

Eine Schwesternschülerin kommt zu einer Patientin ins Zimmer. Die Patientin: „Junge Frau, ich glaube Sie haben da einen Tampon hinter

Ihrem Ohr." Die Schwesternschülerin: „Oh, dann weiß ich auch, wo mein Bleistift geblieben ist..."

⚒

Ein Vorarbeiter fällt von einem Gerüst. Der Azubi eilt herbei und fragt: „Haben Sie etwas gebrochen?" Darauf der Vorarbeiter: „Außer ein paar Bratkartoffeln nichts Wesentliches!"

Viagra

Was ist der Unterschied zwischen 3 Litern Rotwein und 3 Viagra? Nach 3 Litern Rotwein hast Du einen sitzen, dass Du nicht mehr stehen kannst..."

Unfallschutz für nervöse, unruhige alte Männer im Krankenhaus: Eine Kanne Beruhigungstee und eine Viagra dazu, damit die alten Herren nicht aus den Betten herausrollen können!

Für Gartenfreunde: Viagrapulver abends auf den Rasen streuen, dann kann man am Morgen die Regenwürmer wie Nägel bequem mit dem Hammer einschlagen!

In der Toilette unterhalten sich die Penisse von zwei älteren Herren: „Hast Du schon gehört, dass sie Viagra jetzt verbieten wollen?" „Was? Die können uns doch nicht einfach so hängen lassen!"

Was ist Viagra-Oxid? Lattenrost!

Jetzt erhältlich: Viagra Plus - Die Wirken auch Zuhause.

Rätselfragen

Wie groß ist der Unterschied zwischen Bumsen und Blasen? Gewaltig, oder hat man schon einmal von Bumsen an den Füßen gehört?!

?

Was ist der Unterschied zwischen verbranntem Gänsebraten, einem Ertrunkenen und einer schwangeren Frau? - Es gibt keinen, überall wurde zu spät herausgezogen!

?

Was sagt eine Blondine, wenn sie Sperma auf ihrer Brille hat? - „So muss ein Glas aussehen, wenn es mit dem Nachbarn geklappt hat!"

?

Warum bekommen Studenten ihr Diplom in letzter Zeit in Form einer Rolle mit einer Kordel darum? - Weil sie es so auch als Fernrohr benutzen können, um nach einem Arbeitsplatz Ausschau zu halten!

?

Woran merkt man, dass die Blondine wieder am Kühlschrank war? - Weil wieder Lippenstift an der Gurke ist.

?

Wie bringen Blondinen Fische um? - Sie halten sie so lange unter Wasser, bis keine Blasen mehr kommen!

?

Was ist der Unterschied zwischen Politikern und Tauben? - Es gibt keinen. Wenn sie unten sind, fressen sie Dir aus der Hand. Wenn sie oben sind, bescheißen sie dich!

?

Was ist der Unterschied zwischen Onanieren und Vögeln? - Beim Vögeln lernt man wesentlich mehr Menschen kennen!

Woran merkt man, dass eine Blondine einen echten Orgasmus hat? - Sie lässt ganz spontan ihre Nagelfeile fallen.

?

Wie schaltet eine Blondine nach dem Sex das Licht ein? - Sie öffnet die Autotür!

?

Was ist gelb und hat drei Ecken? - Ein gelbes Dreieck. Was ist schwarz und hat drei Ecken? - Der Schatten vom gelben Dreieck.

Nicht immer blond

Ein Stadtmädchen macht mit ihrem Freund Urlaub auf dem Land. Auf einem Spaziergang sehen sie bei der Kartoffelernte zu. Plötzlich sie zu ihm: „Möchte wirklich mal wissen, warum die sich noch die Mühe mit den Kartoffeln machen, wo doch heute eh jeder Pommes aus der Tüte isst!"

👄

Ein junger Mann macht mit einer Blondine Winterurlaub in einer Skihütte in den Bergen. Bei der Ankunft sagt er zu ihr: „Geh Du schon mal in die Hütte und mach den Ofen an, während ich den Schnee vor der Tür wegräume." Als er das geschafft hat und in die Hütte tritt, sieht er, wie seine Begleiterin nur mit einem Bikini bekleidet ihre Hüften aufreizend vor dem Ofen hin und her wiegt. Er: „So habe ich das mit dem Anmachen nicht gemeint. Du solltest den Ofen anfeuern." Darauf hebt die Blondine ihre Arme, hüpft vor dem Ofen und singt: „OFEN, OFEN, OFEN, OFEN..."

👄

Warum ist das Lenkrad des PKW's einer Blondine mit Lippenstift verschmiert? - Weil sie denkt, sie muss beim Hupen in das eingeprägte Horn blasen!

Eine Blondine sitzt erwartungsvoll auf einem Heizkörper, an dem ein Schild hängt mit der Aufschrift: *Vorsicht - Heizung leckt!*

☙

„Ich bin die neue Sekretärin.", säuselt die Blondine und schwenkt ihre Hüften vielsagend hin und her. Darauf bewegt der Chef seinen Unterleib ebenfalls eindeutig vor und zurück und meint dabei: „Das wollen wir erst einmal sehen!"

☙

Ein junger Mann ist bei der unerfahrenen Luci eindeutig auf Sex aus. Sie bemerkt es und eröffnet ihm, dass sie gerade ihre monatliche Regel hat. Er meint im Jargon der Jugend: „Schade, kannst Du mir wenigstens einen blasen?" Sie stimmt unsicher zu, beugt sich zu ihm und pustet sein bestes Stück an, als wolle sie eine Kerze ausblasen. Der Mann schaut erst etwas verwirrt und meint dann lächelnd: „Ich glaube, er ist jetzt kalt genug. Du kannst ihn jetzt in den Mund nehmen!"

☙

Sie zu ihm nach längeren, vergeblichen Oral-Bemühungen: „Bei Dir kommt doch gar nichts!" Er darauf: „Bei mir kommt nie etwas, aber mal sauber wird er wieder!"

☙

Er zu ihr in der Gaststätte: „Möchtest Du die Forelle blau?" Sie: „Nein, die Getränke bitte erst nach dem Fisch!"

☙

Er zu ihr: „Magst Du Rembrandt?" Sie zurück: „Ja, ein Gläschen könnte jetzt nicht schaden!"

☙

Sie ruft ihre Freundin an und meint: „Du, Luci, wir haben uns doch immer gefragt, wo das Licht hingeht, wenn wir den Schalter betätigen. Ich weiß endlich wohin - In den Kühlschrank!"

Sie zu ihm: „Trinkst Du noch einen Kaffee?" Er: „Nein. Jedes mal, wenn ich welchen trinke, kann ich nicht schlafen." Darauf sie wieder: „Bei mir ist das genau umgekehrt. Wenn ich schlafe, kann ich keinen Kaffee trinken."

❧

Eine hübsche Blondine kommt an einer Tankstelle zum Tankwart, knöpft ihm seine Hose auf und befriedigt ihn oral. Dieser fragt sie erstaunt: „Wieso machen Sie das? Wir kennen uns doch gar nicht." Darauf sie: „Es steht doch eindeutig an Ihrer Zapfsäule - blasen frei Tanken!"

❧

Er zur Blondine: „In der Semperoper in Dresden kommt die Aida." Sie: „Quatsch, wie wollen die denn das große Schiff in das Haus kriegen!"

❧

Zwei Blondis gehen in die Stammkneipe. Zum Ober meinen sie: „Heute möchten wir mal etwas essen, was wir noch nie hatten." Der Ober meint lächelnd: „Da würde ich den Damen Hirn empfehlen."

❧

Zwei Blondinen am Fenster. Meint die eine, als sie ihren Mann kommen sieht: „Oh, er hat einen Blumenstrauß, da muss ich heute Abend wieder die Beine breit machen." Darauf die andere: „Wieso? Habt Ihr keine Vasen?"

❧

Blondi beim Arzt: „Herr Doktor, mir tut beim Kaffee trinken immer das Auge weh." - „Ich habe Ihnen doch schon einmal gesagt, Sie sollen vor dem Trinken den Löffel aus der Tasse nehmen!"

❧

Zwei Blondinen finden eine dicke Geldbörse, schauen hinein und werfen sie wieder weg. Die eine fragt: „Was waren denn das für Scheine?" Die andere: „Falschgeld, was wir nie los bekommen hätten. Oder hast Du schon mal Fünfzig-Euro-Scheine mit zwei Nullen gesehen?"

❤

Eine Blondine ruft die Feuerwehr: „Sie müssen schnell kommen, bei mir brennt es." „Wie kommen wir zu Ihnen?" Sie: „Ja haben Sie denn die großen roten Autos mit dem schicken blauen Licht und der Sirene gar nicht mehr?"

❤

Eine Blondine kommt eilig aus ihrem Hotelzimmer und schreit immer-zu: „Eins, Eins, Zwo - Eins, Eins, Zwo - Eins, Eins, Zwo." Ein anderer Hotelgast fragt, warum sie immer diese Zahlen schreit. Sie: „Bei mir brennt es und hier steht, dass man bei Feuer 112 rufen soll!"

❤

Ein blonder junger Mann kommt zur Tankstelle, schaut auf die Kraft-stoffpreise und schüttelt den Kopf. Anschließend öffnet er seinen Tankverschluss und seine Hose um dann lächelnd in seinen Tank zu pinkeln. Der empörte Tankwart kommt zu ihm gerannt und meint: „Hey, Sie da, ist so etwas normal?" Der junge Mann darauf genüsslich: „Nein, aber Super!"

❤

Blondine zu ihrem Freund: „Ich war mit meiner Freundin im Dresde-ner Zwinger. Da haben sie ganz viele Figuren aus Kufstein gemeißelt."
Er: „Die waren nicht aus Kufstein, die waren aus Sandstein."
Sie: „Ja, da sind wir dann auch noch hingefahren!"

❤

Eine Blondine geht bei rot über die Kreuzung und provoziert dadurch einen Unfall. Der Polizist schreit sie an: „Das gibt Ärger junge Frau. Da können Sie wählen: Entweder einen Tag Haft oder 300 Euro." Sie schaut den Wachtmeister naiv an und säuselt: „Oh, Herr Oberwacht-meister, da nehme ich dann doch lieber die 300 Euro."

Eine Blondine kommt zum Vorstellungsgespräch mit zwei Matratzen auf dem Rücken und sagt: „Ich habe meine Unterlagen zwar mitgebracht, aber ich wollte Ihnen nur mitteilen, dass ich die Stelle nicht annehme!"

❧

Er zu Blondi: „Du hast ein Loch in deiner Hose." Sie zurück: „Macht nichts Schatz, mit Benzin geht das schon wieder raus!"

❧

Eine Blondine bei der Aufnahmeprüfung in der Uni: „Was ist schneller, das Licht oder der Schall?" Antwort: „Gar nicht so einfach, Moment, beim Radio kommt erst das Licht und dann der Ton, beim Fernsehen kommt erst der Ton und dann das Bild. Hmmm! Ich entscheide mich für das Licht. Ist ja auch logisch, denn beim Menschen sind ja nicht umsonst die Augen weiter vorn, als die Ohren!"

❧

Eine Blondine wird von einem jungen Mann erotisch bedrängt und eröffnet ihm, dass es zur Zeit nicht möglich ist, weil sie ihre Regel hat. Darauf der Mann ganz förmlich: „Nicht schlimm, dann machen wir eben Oralverkehr." Sie darauf ganz entzückt: „Oh, geil, ins Ohr hab ich es auch noch nicht gemacht!"

❧

Eine Blondine ist auf einer Weide betrunken eingeschlafen. Eine Kuh steht mit ihrem Euter genau über ihr, als sie erwacht. Da meint sie lächelnd: „Oh, immer der Reihe nach, meine Herren. Und einer von Euch muss mich dann nach Hause fahren!"

❧

Blondi will Golfen lernen. Der Golflehrer ist verzweifelt: „Sie dürfen den Golfschläger nicht wie einen Spazierstock halten. So wird es nie etwas. Stellen Sie sich doch einfach vor, es wäre ein schöner Penis." Der Ball fliegt über 170 Meter weit und rollt anschließend genau in das Loch. Der Golflehrer meint begeistert: „Toller Schlag. So, jetzt nehmen Sie den Schläger aber wieder aus dem Mund und versuchen es noch einmal mit den Händen!“

Drei Blondinen sprechen über sinnlose Geschenke. Die erste berichtet: „Mein reicher Freund hat mir einen goldenen Kugelschreiber gekauft und ich kann gar nicht schreiben.“ Die zweite verrät: „Mein reicher Freund hat mir ein Buch mit Goldeinband geschenkt, dabei kann ich gar nicht lesen.“ Die dritte Blondine hält mit: „Mein reicher Freund hat mir einen goldenen Deo-Roller geschenkt, obwohl ich gar keine Fahrerlaubnis habe!“

Eine Blondine im Zugabteil sieht, wie eine junge Mutter ihr Baby stillt. Nach einer Weile fragt sie die Mutter: „Glauben Sie nicht, dass so viel Silikon dem Kind schadet?!“

Vermischtes

Ein Ufo ist in Amerika gelandet. Die Nasa hat zu dem darin befindlichen Paar bereits Kontakt aufgenommen. Um die sexuellen Gewohnheiten der Außerirdischen zu erforschen, gibt die Nasa einem jungen Erdenpaar den Auftrag zum Partnertausch. Die Erdendfrau kriecht zu dem Alienmann und ihr Angetrauter vergnügt sich andernorts mit der Alienfrau.
Der Alienmann fragt während des Aktes plötzlich: „Ist alles zum Rechten, liebe Erdenfrau?“ Sie meint etwas verschämt: „Die Erdenmänner haben einen etwas dickeren Penis.“ Darauf der Alienmann: „Kein Problem Madam.“, dreht ein paar Mal an seinem rechtem Ohr, bis die Erdenfrau erschreckt ausruft: „Genug, sonst wird er zu dick!“
Nach einer Weile fragt der Alienmann wieder, ob alles zum Rechten ist. Darauf meint die junge Frau: „Wenn Sie so fragen, etwas länger könnte er schon sein.“ Der Alienmann lächelt, drehte am linken Ohr,

bis die Erdenfrau ruft: „Genug, sonst wird er zu lang." Nach einiger Zeit kommen beide Versuchspaare wieder aus ihren Zelten und die Erdenfrau fragt ihren Mann: „Und, wie war es bei Dir und der Alienfrau?" Er darauf: „Es ging so. Ich begreife nur nicht, warum die Frau mir andauernd an beiden Ohren herumgeschraubt hat..."

Bei einem Holzfällerwettbewerb in Kanada treten Kämpfer aus aller Welt an. Jeder Teilnehmer bekommt eine Axt und einen Schlag mit Bäumen zugewiesen. Es treten allesamt baumlange Kerle an, bis auf einen, der gerade einmal einen Meter fünfzig groß ist. Er wird natürlich belächelt und keiner gibt ihm eine Chance. Alle schwingen die Äxte und die Bäume fallen wie die Streichhölzer. Der kleine Kerl ist längst schon am Ziel, als die anderen Teilnehmer keuchend ihre letzten Bäume fällen. Völlig verwundert fragen sie den Winzling, wo er denn so gut Baumfällen gelernt hat. Er meint nur trocken: „In der Wüste Gobi." Einer der Teilnehmer zweifelt: „Da gibt es doch gar keine Bäume." Darauf lächelnd der Kleine: „Ja, jetzt nicht mehr!"

Graf Joster hat im Alter schwer mit der Gicht zu kämpfen und auch das Wasserlassen funktioniert nicht mehr so richtig. Als ihm wieder einmal danach ist, ruft er seinen Butler Johann, der ihm dabei behilflich ist. Da er nicht nach unten schauen kann, fragt der Graf: „Johann, pisst er?" „Nein Milord." Nach einer Weile fragt der Graf wieder: „Johann, pisst er?" „Nein Milord." Nach einiger Zeit fragt Graf Joster: „Johann, ist er noch draußen?" „Nein Milord." Darauf der Graf: „Schade, jetzt pisst er!"

In Rodewisch im Vogtland steht eine der bekanntesten Nervenkliniken Deutschlands. Im Ort auf einer Wiese mäht ein alter Bauer mit der Sense Gras. Da hält ein dicker Mercedes mit einem älteren Mann am Steuer. Er fragt den Bauern: „Sagen Sie, bin ich hier richtig in Rodewisch?" Der Bauer überlegt kurz und erklärt: „Das ist nicht so einfach zu beantworten. Wenn Sie richtig sind, sind Sie hier sozusagen falsch! Wenn Sie aber nicht richtig sind, sind Sie hier wiederum vollkommen richtig!"

✗

Ein Mann mit einem großen Koffer kommt in ein Zugabteil, in dem schon eine junge Frau sitzt. Beim Versuch, den Koffer in die obere Ablage zu legen, springt dieser auf und ein großes Sortiment Vibratoren fällt in das Abteil. Einige Dildos werden durch den Fall eingeschaltet und nun brummt es im Abteil wie in einem Bienenstock. Die junge Frau hilft dem erschrockenen Mann beim Einsortieren.
Er erklärt, er sei Vertreter für Beate Uhse Vibratoren und bietet ihr als Belohnung für ihre Hilfe eines der Modelle als Geschenk an. Anfänglich weiß sie nicht recht, für welches Modell sie sich entscheiden soll. Schließlich meint sie: „Der große, geriffelte, silberglänzende Dildo könnte mir schon gefallen." Darauf der Vertreter etwas verlegen: „In Ordnung, Sie können meine Thermosflasche haben. Darf ich vorher noch meinen Tee austrinken?"

✗

Kevin und Sara besuchen am Sonntag Nachmittag ein befreundetes Ehepaar im neu gebauten Haus. Als nach mehrmaligem Klingeln niemand öffnet, gehen sie um das Haus herum und beobachten durchs Fenster, wie das Paar auf dem Tisch fröhlichen Sex praktiziert. Nach einer Weile klingelt Sara noch einmal und die Hausherrin steht etwas zerzaust in der Tür und stammelt: „Entschuldigt bitte, wir haben nach dem Essen noch ein kleines Nickerchen gemacht." Darauf meint Kevin: „Wissen wir schon. Wir haben Euch durchs Nenster dabei beobachtet!"

✗

Ein Mann kommt in eine Künstleragentur, die gerade Varietékünstler sucht. Der Agent fragt den Mann nach seinen Fähigkeiten. Dieser antwortet, er sei Hautkünstler. Der Agent meint: „Lassen Sie mal sehen." Der Mann entkleidet sich bis auf eine Badehose und wickelt sich in seine eigene Haut ein, bis nur noch der Kopf herausschaut. „Fantastisch!", meint der Agent - „Engagiert!" Als sich der Mann wieder ankleidet, fragt der Agent noch: „Was haben Sie denn für einen hässlichen braunen Fleck auf der Schulter?" - „Oh, das ist nur mein Arschloch, das zieht sich nach der Dehnung immer erst langsam zurück!"

✗

Eine Jungschauspielerin kommt in eine Künstleragentur und meint mit extrem gespitzten Mund: „Ich komme auf Ihre Anzeige hin, weil Sie für die Filmbesetzung eine Frau mit spitzem Mund suchen." Der Agent spricht: „Oh, da sind Sie einen Tag zu spät. Jetzt suchen wir eine Dame mit sehr breitem Mund." Da antwortet die Schauspielerin mit breitgezogenem Mund: „Daas koonten Sie dooch gleich saagen!"

✗

Die verschiedenen Generationen kann man gut an den Damenschlüpfern unterscheiden. Die ganz frühe Generation hatte Liebestöter. Damit konnte man ein ganzes Auto putzen und hatte immer wieder eine saubere Stelle zum polieren. Mit den Schlüpfern der zweiten Generation schaffte man es mit dem gleichen Effekt höchstens, ein schmutziges Fahrrad zu säubern. Aber mit einem Tanga der heutigen Generation kann man maximal die Klingel eines Fahrrades polieren!

✗

Es gibt teilweise schon gravierende Unterschiede zwischen den Generationen. Früher mussten die Männer den Schlüpfer eines Mädchens herunterziehen, um einen hübschen Po zu sehen. Heute muss ein Mann die Pobacken auseinanderziehen, um den Schlüpfer zu sehen.

✗

Ein Schäfer kommt mit seiner Herde an die Saale und fragt einen Mann, der am Ufer sitzt: „Gibt es hier eine Furt, durch die ich meine Schafe unbeschadet an das andere Ufer treiben kann?" Der Mann zeigt auf eine Stelle unmittelbar in seiner Nähe. Der Schäfer treibt seine Schafe an dieser Stelle in den Fluss und muss mit ansehen, wie alle Tiere jämmerlich ersaufen. Er schreit außer sich: „Sie sagten doch eben, dass das Wasser hier nicht tief ist." Der Angesprochene schüttelt den Kopf und meint kleinlaut: „Ich verstehe das nicht. Vorhin sind an der gleichen Stelle zwei Enten rüber, die haben noch ein ganzes Stück aus dem Wasser herausgeschaut!"

✗

Die Frau des Pfarrers bringt ihrem Mann jeden Mittag das Essen in die Kirche. Beim Anblick des Gerüstes am Kirchturm denkt sie sich, dass die Bauarbeiter, die den Zuschlag für die Arbeiten bekommen haben, sicher auch in christlichen Dingen bewandert sein müssen. Um das zu prüfen, ruft sie einem jungen Dachdecker auf dem Gerüst zu: „Junger Mann, kennen Sie Pontius Pilatus?" Der Mann antwortet: „Nein, leider nicht. Aber ich frage mal meinen Kollegen." Der Kollege antwortet ihm: „Nein - kenne ich nicht - wieso?" Der junge Dachdecker: „Seine Alte steht unten und bringt das Mittagessen!"

✗

Ein maskierter Räuber bedroht einen Mann in einer einsamen Straße mit vorgehaltener Waffe und brüllt: „Geld oder Leben!" Der erschrockene Mann zuckt mit den Schultern und meint: „Ich habe leider kein Geld." Darauf der Räuber: „Dann gib mir deine Uhr!" Wieder hebt der Überfallene bedauernd die Schultern und sagt: „Entschuldigen Sie, aber ich besitze auch keine Uhr." Darauf der Räuber verzweifelt: „Das gibt es doch gar nicht! Dann trage mich wenigstens ein Stück!"

✗

Eine Frau geht in die Zoohandlung um sich einen Papagei zu kaufen. Drei Tiere stehen zur Auswahl und sie fragt den Verkäufer nach dem Preis. Dieser meint: „Der wunderschöne blaue kann intelligente Antworten auf deutsch und englisch geben und kostet 200 Euro. Der hübsche grüne in der Mitte kann intelligente Fragen stellen und Antworten geben, und das in deutsch, englisch und spanisch. Er kostet 400 Euro." Auf der rechten Seite sitzt ein hässliches, grau gefiedertes Tier, das sich kaum bewegt, aber 900 Euro kosten soll. Auf die Frage, was dieser

Papagei kann, meint der Verkäufer: „Der kann überhaupt nichts, aber die anderen beiden sagen Chef zu ihm!"

✳

Durch eine Gartenanlage schiebt ein Mann sein Fahrrad mit zwei prall gefüllten Satteltaschen. Eine der Taschen hat ein Loch, aus dem einige Euromünzen auf den Weg fallen. Einer der Gartenfreunde hebt sie auf und meint: „Sag bloß, Du hast die ganze Satteltasche voll Münzen?" Der Angesprochene antwortet: „Ja, ich habe meinen Garten direkt am Fußballplatz und die Fußballfans pinkeln immer durch die Astlöcher meiner Bretterwand. Ich nehme dann meine Kneifzange, setze an und rufe: Zwei Euro über die Wand werfen oder der Schniedelwurz ist weg. Und von Zeit zu Zeit muss ich dann eben das Kleingeld nach Hause bringen." Der Gartenfreund hebt auch die zweite prall gefüllte Tasche an und fragt: „Und die ist wohl auch noch voller Münzen?" - „Nein, nicht jeder bezahlt freiwillig..."

Jungfrauen

Katholischer Vater zu seiner jungfräulichen Tochter: „Wenn Dich nach dem Tanz auf dem Nachhauseweg ein Mann bedrängt, halte immer die Hand vor dein Heiligtum." Sie wird trotzdem schwanger. - Der Vater: „Wie konnte das denn passieren?" - Sie: „Ich habe immer meine Hand vor mein Heiligtum gehalten, aber als ich mich dann bekreuzigt habe, muss es passiert sein!"

✳

Eine alte Jungfer kauft sich eine Henne und fünf Hähne. Der Nachbar fragt sie: „Warum?" - Darauf sie: „Die arme Henne soll nicht so eine freudlose Jugend haben wie ich!"

✳

Sie in Bedrängnis: „Ich bin noch Jungfrau - ich hab so etwas noch nie gemacht und außerdem tut mir danach immer der Kopf weh!"

Er in der Tanzpause auf dem Hof: „Wenn ich gewusst hätte, dass Sie noch Jungfrau sind, hätte ich mir mehr Zeit genommen." Sie darauf: „Wenn ich gewusst hätte, dass Sie Zeit haben, hätte ich meine Strumpfhose ausgezogen."

Männer

Zwei Männer stoßen im Supermarkt zusammen. „Entschuldigung", rufen beide und erzählen sich, dass sie ihre Frauen in dem Gedränge verloren haben. So beschließen sie, in verschiedenen Richtungen zu suchen. - Der eine: „Wie sieht Ihre Frau aus?" - „Naja, blond, braungebrannt, knackiger Po, sinnige Lippen, wohlgeformter Busen, lange Beine und ein superkurzer Mini. Wie sieht Ihre Frau aus?" - „Unwichtig! Wir suchen jetzt Ihre Frau!"

Ein Mann zu seinem Kumpel: „Stimmt es, dass deine Frau so unheimlich scharf im Bett ist?" - Dieser: „Weiß ich nicht genau, die einen sagen so, die anderen so!"

Er zu seiner Frau: „Hab ich einen Waschbrettbauch?" Sie: „Nein, wenn die Muskeln bis zum Rücken reichen, nennt man das Schwimmringe."

Es gibt drei Arten von Männern: Die Schönen- die Intelligenten und die große Mehrheit!

Ein Mann, der von seiner Frau zwanzig Jahre geschieden ist, hat sich bei einem Unfall beide Arme gebrochen und wird vom Pflegedienst beim Baden betreut. Durch Zufall wird seine ehemalige Frau zu ihm geschickt, die bei diesem Pflegedienst beschäftigt ist. Als sie ihn wäscht, kommt sie dabei auch an seinen Intimbereich und der Mann bekommt eine Erektion. Da meint sie ganz erstaunt: „Schau doch mal, der hat mich nach den zwanzig Jahren noch wiedererkannt!"

⸸

Er zu ihr: „Schatz! Warum bekomme ich die Suppe im Aschenbecher?" Darauf sie: „Ich dachte, Du wolltest das in Zukunft immer so, weil Du gestern zum Herrentag deine Zigaretten im Teller ausgedrückt hast!"

⸸

Manche Männer haben schottische Ansichten. Sie schlafen mit der Nachbarin, um die eigene Frau nicht abzunutzen.

⸸

Mann nimmt seine Frau mit zur Firmenfeier - Er zum Chef: „Darf ich meine Frau vorstellen?" - Dieser: „Stellen Sie sie bitte wieder hinter!"

⸸

Er zu ihm: „Ich habe eine Firma gegründet. Brustvergrößerung durch Handauflegen. Es dauerte zwar nicht lange bis wir pleite gingen, aber eins muss ich sagen: Ich bin noch nie so gerne zur Arbeit gegangen, wie in diesem Unternehmen!"

⸸

Eine Sekretärin kommt freudestrahlend mit einem neuen Kleid zu ihrem Mann nach Hause. Auf seine diesbezüglich Frage erklärt sie: „Stell Dir vor, mein Chef hat im Lotto gewonnen und hat mir vor Freude ein neues Kleid gekauft." Eine Woche später kommt sie mit einem neuen Auto nach Hause und erklärt: „Du wirst es nicht glauben Schatz. Mein Chef hat wieder im Lotto gewonnen und hat mir vor Freude ein Auto gekauft." Zwei Tage später kommt sie in die Wohnung gerannt und ruft: „Schatz, lasse mir doch schnell mal ein Bad ein. Ich muss mit meinem Chef ins Theater." Als sie nach einer Weile ins Bad geht, ruft sie ins Wohnzimmer: „Schatz, warum hast Du mir denn nur so eine kleine Pfütze Wasser in die Wanne eingelassen?" Darauf ihr Mann: „Ich wollte nur verhindern, dass der Lottoschein nass wird!"

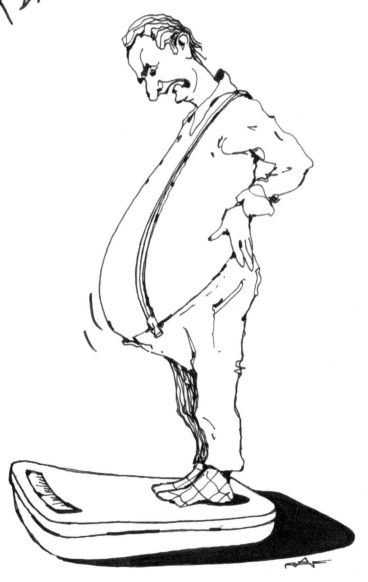

Männer: „Sag mal, sprichst du eigentlich nach dem Bumsen mit deiner Frau?" - „Nicht immer, nur wenn gerade ein Telefon in der Nähe ist."

*

Eine Frau gibt einem Obdachlosen am Rande des Weihnachtsmarktes etwas zu Essen und etwas Geld. Da erscheint eine gute Fee und eröffnet ihr, dass sie für diese gute Tat einen Wunsch frei hat. Die Frau wünscht sich eine Autobahn über den großen Teich, damit sie die Tochter in Amerika mit dem Auto besuchen kann. Die Fee sagt: „Oh, das tut mir leid, aber bei so einem großen Wunsch verbrauche ich zu viel Energie und bin dann sehr geschwächt. Hast Du nicht einen bescheideneren Wunsch?" Da sagt die Frau: „Kannst Du meinen Mann nicht wieder etwas hübscher machen? Seitdem er so säuft, hat er optisch mächtig abgebaut." Dabei zeigt sie mit dem Finger in die Richtung eines Glühweinstands, an dem ihr Mann schon wieder betrunken lehnt. Die Fee sieht den Mann und fragt: „Wie viele Spuren sollte die Autobahn über den Atlantik noch mal haben?!"

*

Drei Männer in der Kneipe streiten, wer im Leben die größte Glückssträhne hatte. Meint der erste: „Ich war vorige Woche der zehntausendste Besucher im neuen Kaufhaus und habe 500 Euro bekommen." Darauf der zweite: „Ich habe im Preisausschreiben 600 Euro gewonnen." Da sagt der dritte: „Das ist alles nichts gegen meine Glückssträhne. Ich habe im Puff mit einer Inderin geschlafen. Die war so zufrieden mit mir, ich brauchte gar nichts zu bezahlen. Anschließend durfte ich noch an dem Schönheitsfleck auf ihrer Stirn rubbeln und habe dabei noch ein Fahrrad gewonnen!"

*

In einem 5-Sterne Hotel geht ein Geschäftsreisender früh zu Bett, weil er tags darauf einen Kongress besuchen will. Ein rhythmisches Klappern aus dem Nebenzimmer hindert ihn jedoch am Einschlafen. Er ruft den Portier und bittet, dieses lästige Klappern abzustellen, was auch nach kurzer Zeit geschieht. Der Portier entschuldigt sich noch einmal und der Herr fragt nach dem Grund für das Klappern. Der Portier antwortet: „Der Gast im Nebenzimmer hat am Waschbecken onaniert und der Manschettenknopf seines Hemdes stieß dabei ständig an das Becken." Der Herr dankt dem Portier dafür, dass er den Nachbargast gebeten habe, damit aufzuhören. Darauf der Portier: „Oh nein, mein Herr. Ich habe ihm lediglich diskret den Hemdsärmel aufgekrempelt!"

†

Es gibt Männer, die sind ungewollt schon zu Lebzeiten Organspender, weil sie ihre Haare abgegeben haben!

†

Detlef zu seinem Freund Paul beim Klassentreffen: „Warum bist Du in unserem fortgeschrittenen Alter noch immer nicht verheiratet?" Paul erklärt bildlich, dass er besondere Ansprüche stellt: „Sie muss hier haben (dabei reibt er Daumen und Zeigefinger aneinander) und sie muss solche Dinger haben (dabei deutet er mit gekrümmten Fingern eine Riesenbrust an)." Darauf meint Detlef verwundert: „Dass sie Geld haben soll, leuchtet mir ja noch ein. Aber warum willst Du unbedingt eine Frau, die an Gicht erkrankt ist?!"

†

Eine von der Brauindustrie in Auftrag gegebene Studie kam zu folgendem Ergebnis: Männer haben gar keine Bierbäuche! In speziellen Einzelfällen sind lediglich die Beine etwas zu weit hinten angewachsen.

†

Warum können 50% aller verheirateten Männer nach dem Geschlechtsverkehr nicht gleich einschlafen? Weil sie noch nach Hause fahren müssen.

†

Zwei Wanderer sind in den Bergen unterwegs. Der eine meint, dass er wieder einmal Sex braucht. Da sagt der andere: „Mach es doch einfach mit einer Kuh auf der Weide. Du hältst Dich an den Hörnern fest und machst es in die Nasenlöcher der Kuh." Gesagt, getan. Der Bedürftige hält sich an den Hörnern fest und verdreht dabei die Augen. Der andere Wanderer fragt schließlich: „Und, wie war's?" - „Herrlich! Wenn die kochen könnte, würde ich sie vom Fleck weg heiraten!"

Er zu ihr im Bett: „Es wäre schon schön, wenn Du mal wirklich richtig geil wärst." Darauf Sie: „Es wäre aber auch geil, wenn Du mal wirklich richtig schön wärst!"

Ein Mann am Bahnhof zu einer junger Frau: „Mit Ihnen würde ich gerne mal ins Bett gehen." Sie erwidert: „Sie Flegel. Ich bin doch keine Nutte." Er darauf: „Entschuldigung, das habe ich auch nicht geglaubt. Ich wollte Sie ja für diesen Gefallen auch nicht bezahlen!"

Zwei alte Freunde auf der Parkbank: „Und, läuft bei Dir noch Sex mit deiner Frau?" „Nicht der Rede wert. Wenn er nicht beim gemeinsamen Bad durch Zufall einmal bei ihr hineinschwimmt, eigentlich gar nicht mehr."

Er zu seinem alten Kumpel: „Sag mal, Du bist doch erst 65. Was willst Du denn mit deiner 90-jährigen Freundin? Mit der kannst Du doch gar keinen Spaß mehr haben." „Sag das nicht.", meint der andere. Er hält seine hohle Hand an seinen Hosenschlitz und meint genüsslich: „Was meinst Du, wie schön die zittern kann!"

Paul ist seiner Frau überdrüssig und lässt sich von einem zwielichtigen Bekannten beraten, wie er sie am schnellsten los werden kann. Der Bekannte: „Nichts leichter als das. Du musst deine Frau vier Wochen lang durchgehend Tag und Nacht lieben, dann kannst Du sie in der fünften Woche beerdigen." Nach drei Wochen kommt dieser Bekannte wieder bei Paul vorbei und findet ihn in einem bedauernswerten Zustand vor. Er sitzt mit tränenden und geröteten Augen auf einer Bank und zittert am ganzen Körper. Er ist abgemagert und mehr tot als lebendig. Seine Frau dagegen sieht blendend aus und singt fröhliche Lieder, während sie die Wäsche im Garten auf die Leine hängt. Der Bekannte fragt Paul, wie er mit seinem schändlichen Plan vorankommt. Da haucht Paul völlig fertig und mit gebrochener Stimme: „Hörst Du, wie fröhlich sie im Garten singt? Wenn die wüsste, dass sie in einer Woche schon tot ist..."

Erwin berichtet Paul, dass seine Frau seit Tagen nicht mehr mit ihm spricht. Paul erkundigt sich nach dem Grund. Erwin klagt: „Ich habe meine Frau splitternackt ausgezogen und zwei Mal sexuell befriedigt." Paul staunt. „Und deswegen spricht sie nicht mehr mit Dir? Meine wäre glücklich, wenn ich das mit ihr machen würde." - Erwin: „Aber sicher nicht, wenn das am Eingang des Hauptbahnhofs um 16 Uhr geschieht!"

Max hat eine neue Freundin und geht mit ihr im Wald spazieren. Nach einer Weile fragt er sie, ob sie Lust auf Sex habe. Nachdem sie zugestimmt hat, meint Max, dass er vorher noch einmal austreten müsse. Er stellt sich an den Rand des Waldweges und macht sein Geschäft. Dabei flüstert ihm das Mädchen ins Ohr: „Ich fasse ihn jetzt mal an", was sie dann auch zärtlich tut. Bevor sie es sich dann auf dem Gras gemütlich machen wollen, meint sie: „Ich merke gerade, dass ich auch noch einmal muss." Sie hockt sich hin und Max flüstert ihr ebenfalls ins Ohr: „Ich möchte deine jetzt auch streicheln." Plötzlich zieht er seine Hand erschrocken zurück und fragt: „Bist Du etwa ein Mann?" Sie darauf lächelnd: „Du Dummerchen. Ich muss doch groß!"

Ein Junger Mann fragt seinen Freund: „Warum lachst Du Dir nicht mal eine Freundin an?" Darauf dieser: „Ist mir viel zu anstrengend. Ich onaniere lieber. Das hat viele Vorteile. Man braucht nicht außer Haus, kann den Durchmesser einstellen, es kostet nichts und man muss auch kein freundliches Gesicht dabei machen. Einziger Nachteil sind die Halsschmerzen, weil man ständig schauen muss, ob man beobachtet wird!"

†

Er zu seinem Freund: „Und, wie gefällt Dir denn die Klobürste, die wir Dir zum Geburtstag geschenkt haben?" Da meint dieser: „Ganz gut, aber Papier bleibt eben Papier!"

†

Sven bekommt eine Vorladung zum Vaterschaftstest. Da er nicht weiß, wie so etwas abläuft, nimmt er seinen Freund mit. Dieser wartet im Vorraum des Behandlungsraums. Als Sven wieder aus dem Zimmer kommt, lacht er übers ganze Gesicht und spricht: „Die Haben da drinnen keine Ahnung." Er zeigt seinen Zeigefinger hoch und meint: „Aus meinem Zeigefinger haben die Idioten das Blut entnommen und mit dem Mittelfinger habe ich das Kind gemacht!"

†

Erwin zu seiner Frau: „Es ist reine Geldverschwendung, wenn Du Dir Kochbücher kaufst. Du kannst doch sowieso nicht richtig kochen." Darauf sie zurück: „Wieso? Du kaufst Dir doch auch Sexfilme!"

†

Martin sitzt mit seiner Frau vor dem TV, als ein junger Kerl in der Tür steht und sagt, er bringe das bestellte Brennholz. Mit vielsagendem Blick zur Hausherrin: „Vielleicht kann mir Madame im Keller zeigen, wo ich das Holz aufschichten soll." Nach einer ganzen Weile denkt Martin, dass er einmal nach dem Rechten sehen müsse. Er staunt nicht schlecht, als er in den Keller kommt. Dort besorgt es der junge Mann seiner Frau gerade sehr ausgiebig. Unbemerkt schleicht er wieder ins Wohnzimmer, pinkelt in ein Bierglas und stellt es auf den Tisch. Als der Holzlieferant mit seiner Frau erscheint, um seinen Lohn einzufordern, bietet er ihm das bereitstehende Glas als Bier an. Als der junge Mann das Glas getrunken hat, meint er: „Komische Biersorte, schmeckt wie Urin." Da erwidert Martin bitter: „Stimmt, das ist von dem Fass, das Du gerade angestochen hast!"

Ein bekannter Tennisspieler fährt mit seinem Auto in London völlig betrunken von einer Party in sein Hotel. Zwei Polizisten stoppen ihn und erkennen gleich, wen sie vor sich haben. „Der ist mein Idol, den müssen wir unbedingt laufen lassen.", sagt der eine und sein Kollege nickt zustimmend. Er geht an das Autofenster und sagt: „Wir müssen Ihre Fahrtauglichkeit in Bezug auf Alkohol überprüfen. Wir werden Ihnen zu diesem Zweck eine Automarke nennen und Sie müssen so schnell wie möglich mit einer anderen Automarke antworten. Beispielsweise sage ich Toyota und Sie antworten mit BMW. Haben Sie mich verstanden? Der Angesprochene nickt. Der Beamte: „Jaguar" - Der Tennisspieler mit schwerer Zunge: „Februar!"

Tiere unter sich

Eine Muttersau zur anderen - „Bist Du eigentlich schon mal künstlich besamt worden?" Antwort: „Nein, bis jetzt hab ich immer Schwein gehabt!"

Ein Kuhfladen landet genau auf einer Ameise. Nachdem sie sich eine Stunde mühsam durch den Fladen an die Oberfläche gearbeitet hat, meint sie: „Scheiße, was sollte das denn eben? - Mitten aufs Auge! - Blöde Kuh!"

Zwei Hähne kommen an einem voll bestückten Hähnchengrill vorbei. Meint der eine: „Alles Idioten, wo doch jeder weiß, dass Solarien ungesund sind!"

Märchen & Sprüche

Eine Prinzessin am Teich zu einem Frosch: „Muss ich Dich jetzt küssen, damit Du ein Prinz wirst?" Darauf der Frosch: „Nein, das war mein Vater. Mir musst Du schon einen blasen!"

Rotkäppchen fragt den Wolf, der im Wald hinter einem Busch hockt: „Warum hast Du denn so furchtbar große Augen?" Darauf der Wolf entrüstet: „So eine Unverschämtheit! Nicht mal beim Scheißen hat man seine Ruhe!"

Rotkäppchen rettet den Wolf, der in einem Teich zu ertrinken droht, indem sie ihn an seinem Schwanz an Land zieht. Plötzlich verwandelt sich der Wolf in einen schönen Prinzen. Dieser schaut sie verlegen an und meint: „Ich bin jetzt gerettet. Ihr könnt mich also wieder loslassen!"

Wer „A" sagt muss auch „limente" sagen!

Lieber 50 Jahre gelebt, als 80 Jahre da gewesen!

Weihnachten

Kurz vor Weihnachten trifft ein Mann vor einem kleinen Wäldchen am Stadtrand einen anderen Mann, der mit einem kleinen Schimmel spielt. Er fragt erstaunt: „So ein winziges Pferdchen habe ich ja noch nie gesehen. Wo bekommt man so etwas?" - „Das hab ich als Lohn von einer Fee bekommen, deren Brennholz ich zu ihr nach Hause getragen habe. Wenn Sie sich beeilen, können Sie ihr restliches Holz nach Hause tragen und sich vielleicht auch etwas wünschen." Der

Mann verschwindet im Wald und kommt nach einiger Zeit wieder, mit zwei Melonen unter den Armen und einem Gefolge kleiner Schweine. Dem Schimmelbesitzer berichtet er verärgert: „Die Fee muss schwerhörig sein. Ich hatte mir keine zwei Melonen mit kleinen Schweinen, sondern zwei Millionen in kleinen Scheinen gewünscht." Da lacht der andere listig: „Jaja, die Fee ist schwerhörig... Glauben Sie etwa, ich hab mir einen 37 cm langen Schimmel gewünscht?"

🎁

Kurz vor Weihnachten stehen bei Lehmanns zwei Typen vor der Haustür und meinen: „Wir kommen vom Tierheim und wollten fragen, ob Sie zu Weihnachten nicht mal einen armen Hund oder eine Katze nehmen wollen." Da antwortet der Hausherr: „Gerne, aber ich muss erst mit meiner Frau sprechen, denn wir hatten bisher immer Gans oder Hase zum Fest!"

🎁

Paul ist seit der goldenen Hochzeit manchmal etwas grob mit seiner Else. Auf dem Schwarzenberger Weihnachtsmarkt läuft sie vor ihm und nach ein paar Bechern Glühwein nölt Paul plötzlich: „Else, Du hast in letzter Zeit einen Arsch wie eine Dreschmaschine." Else schaut sich wütend um und meint nur: „Komm Du mir mal nach Hause." Paul hat sich noch einige Gläschen Glühwein genehmigt, als er angesäuselt neben Else ins Bett sinkt. Als seine Hand suchend unter ihrer Zudecke landet, deckt sie ihn auf und meint spöttisch: „Du glaubst doch nicht ernsthaft, dass ich meine Dreschmaschine für deinen dürren Strohhalm zwischen den Beinen noch einmal anwerfe!"

🎁

Manfred bemerkt plötzlich, dass ihm im Gedränge des Weihnachtsmarktes irgend jemand in seiner Hosentasche herumkramt. Er spricht den vermeintlichen Taschendieb an und fragt: „Was suchen Sie denn in meiner Hosentasche?" Darauf der Angesprochene: „Ich wollte nur mal schauen, ob Sie Feuer für meine Zigarette haben." „Ja, konnten Sie mich denn da nicht einfach fragen?", sagt Manfred verärgert. Darauf der Typ: „Um Gottes Willen, nein, ich bin so schüchtern. Ich spreche doch keine fremden Menschen an!"

Ossi - Wessi

Einige Bettler im Leipziger Bahnhof treffen sich zum Erfahrungsaustausch. Es geht darum, mit welcher Aufschriften auf Schildern man das meiste Geld verdienen kann. Der erste zeigt sein Schild, auf dem - *Hartz 4 / Mein Geld reicht nicht zum Lebensunterhalt* - steht. An diesem Tag hat er damit 30 Euro verdient. Der zweite berichtet, er habe 40 Euro am Tag mit der Aufschrift - *Schlafe unter Brücke* - verdient. Der dritte Bettler verrät, dass er am Tag 900 Euro verdient habe, weil er auf sein Schild schrieb: *Bin Wessi. Möchte wieder nach Hause!*

Vor Gericht

Der Richter fragt die äußerlich asozial wirkende Klägerin: „Nun schildern Sie bitte dem Gericht, wie sich die versuchte Vergewaltigung zugetragen hat." Darauf die Frau im Berliner Dialekt: „Na ja, er hat mir erst niederjeknutscht, denn hat er meinen Schlüpper runterjerissen und seinen Mittelfinger in meine Fotze jesteckt." Der Richter unterbricht sie empört und tadelt: „Sie stehen hier vor Gericht und können nicht solche obszönen Ausdrücke für Ihr Geschlechtsteil benutzen. Bitte erzählen Sie den Vorgang noch einmal in verständlichem Konversationsdeutsch." Die Klägerin schaut den Richter etwas unverständlich an und wiederholt zögernd: „Ja, wie ik schon sagte. Er hat mir niederjeknutscht und denn hat er meinen Schlüpper runterjerissen und anschließend seinen Mittelfinger in meine - Wat hatten Sie für einen Spitznamen für meine Fotze benutzt?"
Der Richter winkt genervt ab und bittet die Klägerin fortzufahren. Sie berichtet weiter: „Wat soll ik noch sagen, er is mir dann voll auf die Schlaufe jegangen. Der Richter unterbricht sie erneut: „Was soll denn

eine Schlaufe sein?" Darauf sie: „Wie nennen Sie denn dat, wo der Riemen durchjezogen wird?!"

§

Die Richterin fragt den Kläger: „Warum wollen Sie sich von Ihrer Frau scheiden lassen?" Er: „Sie ist im höchsten Maße unordentlich." Die Richterin fragt nach, wie sich das äußere. Darauf antwortet der Kläger: „Immer, wenn ich in das Spülbecken urinieren möchte, liegen dort schmutzige Teller und Tassen vom Tafelgeschirr!"

§

„Und weshalb wollen Sie sich nun von Ihrem Mann scheiden lassen?", fragt der Richter die Frau. „Na weil er jetzt zu vierhundert Prozent impotent ist und seinen ehelichen Pflichten nicht mehr nachkommen kann." „Wieso zu vierhundert Prozent?" - „Er ist die Treppe hinunter-gestürzt, hat sich beide Hände gebrochen und zusätzlich hat er sich bei dem Sturz noch die Zunge abgebissen!"

§

Der Richter fragt die Klägerin: „Eines kann ich nicht verstehen, warum haben Sie sich nicht gewehrt, als der Mann Sie bedrängt hat?" Darauf die junge Frau: „Ja Herr Richter, erstens hat er es ja zärtlich gemacht und dann habe ich mich mit einer Hand am Zaun festgehalten und mit der anderen Hand habe ich meinen Rock hochgehalten, nachdem ich schnell meinen Tanga ausgezogen hatte. Wie sollte ich mich denn da wehren?!"

§

Bei einer Unterhaltsverhandlung fragt der Richter die junge Frau: „Können Sie uns mit Bestimmtheit sagen, wer der Vater Ihres Kindes ist?" - Sie: „Herr Richter, das ist nicht so einfach oder könnten Sie sa-gen, welcher Zahn einer Kreissäge eine Schnittwunde verursacht hat?"

Vermischtes Teil 2

Frau Lehmann ist vor Ibiza beim Tauchen ertrunken.
Zwei Jahre später findet die Küstenwache die Leiche und schickt Herrn Lehmann ein Telegramm: „Leiche Ihrer Gattin mit Muscheln bedeckt gefunden. Perlen haben Wert von 500.000 Euro."
Lehmann telegrafiert zurück: „Perlen verkaufen, Geld schicken, Köder wieder auslegen!"

✦

„Du zitterst ja.", sagt die Banane zum Vibrator, der neben ihr auf dem Nachtschränkchen liegt: „Das ist wohl dein erstes Mal?"

✦

Kommt ein 110-jähriger mit seiner 108-jährigen Frau zum Anwalt und sagt: „Wir möchten uns scheiden lassen. Wir hatten 90 Jahre nur Krieg!" Sagt der Anwalt: „Und wieso kommen Sie erst jetzt?" Darauf der Ehemann: „Wir wollten warten, bis die Kinder unter der Erde sind!"

✦

„Herr Doktor, Herr Doktor - ich bekomme meine Vorhaut nicht zurück." „Ja, guter Mann, so etwas verleiht man ja auch nicht"!

✦

Zwei Opas sitzen auf der Parkbank. Der eine klagt: „Die Füße tun mir weh, das Kreuz tut mir weh. Eigentlich tut mir alles weh, ich fühle mich so alt!" Der andere: „Ich fühle mich so jung wie ein Baby: Keine Haare, keine Zähne, eine Windel dran und eingeschissen habe ich heute auch schon!"

✦

„Guten Tag, Herr Doktor. Ich habe Kopfschmerzen, Bauchschmerzen, meine Glieder tun mir weh. Ich habe Husten, bin verschnupft und mein Hals tut es auch nicht so richtig. Können Sie mir sagen, was mir fehlt?" „Nein, Sie haben doch schon alles!"

Opa hat Bauchschmerzen. Oma schickt ihn zum Arzt. Nach seiner Rückkehr fragt sie: „Na, was hat der Arzt gesagt?" Opa: „Er hat mir Zäpfchen gegeben, die soll ich rektal einnehmen. Was is'n das?" Oma: „Weiß ich auch nicht. Geh am besten noch mal hin und frag." Nach seiner Rückkehr fragt Oma: „Na, was hat er gesagt?" Opa: „Jetzt sagt der Arzt, ich soll sie anal einnehmen. Was heißt das schon wieder?" Oma: „Weiß ich auch nicht. Am besten Du rufst noch mal an!" Nachdem Opa telefoniert hat, kommt er ganz aufgeregt in die Küche. Oma: „Und? Was hat er gesagt?" Opa: „Ich glaub, jetzt ist er sauer. Er hat gesagt, ich soll sie mir in den Arsch schieben!"

Fährt ein Opa mit der U-Bahn und stiert dabei die ganze Zeit einen Punker mit einer roten Kammfrisur an. Plötzlich reicht es dem Punker und er schreit den Opa an: „Hey Alter, hast Du in deiner Jugend nie eine Sünde begangen?" Sagt der Opa: „Doch, natürlich. Ich habe in meiner Jugend Hühner gebumst. Jetzt überlege ich die ganze Zeit, ob Du mein Sohn sein könntest!"

Unterhalten sich zwei Omis. Sagt die eine: „Also ich habe letztens so einen Pornofilm gesehen, da haben die dort geleckt, wo wir Pipi machen." Darauf die andere: „Is nicht wahr! Und wo? Am Deckel oder am Rand?"

Ein altes Ehepaar sitzt wie immer gemeinsam beim Frühstück auf der Terrasse. Plötzlich holt die alte Frau aus und versetzt ihrem Gatten so einen Haken, dass er rückwärts von seinem Gartenstuhl fliegt. Eine Weile ist es still, dann fragt der Alte verwundert: „Wofür zum Geier war denn das?" Sie antwortet: „Für 45 Jahre schlechten Sex!" Er sitzt grübelnd auf seinem Stuhl. Nach einer Weile steht er auf und haut ihr derart eins auf die Glocke, dass sie samt Stuhl von der Terrasse fliegt. „Warum hast Du das getan?", schreit sie ihn an. Er: „Woher kennst Du plötzlich den Unterschied zwischen gutem und schlechtem Sex?"

Ein Neunzigjähriger kommt in die Apotheke und bestellt eine Viagra. Als der Apotheker sie ihm überreicht, sagt der alte Mann: „Können Sie die nicht ein wenig kleiner machen?" Der Apotheker nimmt sie, stampft sie mit dem Mörser ganz klein und fragt den Mann, ob es so in Ordnung sei. Der alte Mann bedankt sich, nimmt einen hundert Euro-Schein aus der Tasche, rollt ihn zusammen, verteilt die gemahlene Viagra auf dem Tisch und zieht sich alles durch die Nase rein. Da sagt der Apotheker zu ihm: „Es geht mich ja nichts an, aber was sollte das?" Darauf der alte Herr: „Wissen Sie junger Mann, in meinem Alter, da spielt sich der Sex nur noch im Kopf ab!"

Nächste Stufe der Gesundheitsreform: Ältere Herren mit Prostata-Problemen werden nicht mehr behandelt. Begründung: Rentner haben Zeit zum Pinkeln...

Die Passagiere rennen aufgeregt an Deck und schreien: „Das Schiff geht unter, das Schiff geht unter!" Nur ein Mann sitzt seekrank mit grünem Gesicht in einer Ecke und meint: „Das wurde auch Zeit!"

Lehrer: „Ich habe Euch jetzt von der Klapperschlange erzählt. Wer kann mir ein ähnliches Tier nennen, dem man nicht trauen darf?" Klein Siegfried meldet sich: „Dem Klapperstorch!"

Ein Mann sitzt in Spanien in einem Restaurant und betrachtet neugierig den Teller am Nachbartisch, der mit etwas sehr Großem bedeckt ist. Schließlich fragt er den Kellner: „Was ist das dort eigentlich auf dem Teller?" Der Kellner: „Das sind Stierhoden. Eine Delikatesse, die es nur nach Stierkämpfen gibt!"
Für den nächsten Besuch reserviert sich Mann die gleiche Delikatesse. Als es soweit ist, kommt der Kellner mit einem großen Teller, auf dem jedoch nur zwei kleine Hoden liegen. Da fragt der Mann den Kellner:

„Was soll das denn? Warum sind die Hoden so klein?" Der Kellner antwortet trocken: „Dieses Mal hat der Stier gewonnen!"

Ein Pärchen beim Sex - Sie fängt an zu stöhnen: „Jaaa, gib's mir! Sag mir dreckige Sachen!" Er: „Küche, Bad, Wohnzimmer!"

Der Bauer kommt früher als üblich nach Hause und erwischt seine Frau mit dem Knecht im Bett. Er schlägt ihn K.O.
Als der Knecht wieder zu sich kommt, liegt er in der Scheune auf einer Werkbank, ist splitternackt und sein bestes Stück ist in einem Schraubstock eingeklemmt. Verwirrt blickt er sich um und sieht, wie der Bauer ein Messer wetzt.
Entsetzt schreit er: „Um Himmels Willen, Du wirst IHN mir doch nicht abschneiden?" Der Bauer legt grinsend das Messer neben den Knecht und sagt: „Nee nee, das darfst Du schon selber machen. Ich geh jetzt raus und zünde die Scheune an!"

Was haben Frauen und Orkane gemeinsam? - Sie sind heiß und feucht, wenn sie kommen. Und wenn sie gehen, nehmen sie Häuser und Autos mit.

Die Frau des Jägers erwartet Zwillinge. Als sie ihn bei der Pirsch im Wald besuchen will, schießt er versehentlich auf sie, da er sie in der Dunkelheit mit einem Hirsch verwechselt hat. Im Krankenhaus entfernt man ihr acht von zehn Schrotkugeln. Die restlichen zwei sitzen in den Zwillingen verteilt und könne nicht entfernt werden. Die Zwillinge, ein Junge und ein Mädchen, sind gesund und bei ihrem 14. Geburtstag kommt das Mädchen weinend aus dem WC und gesteht der Mutter: „Ich kann nichts dafür, ich habe auf dem Klo einen fliegen lassen. Da kam ein Bleikügelchen raus und jetzt ist die Kloschüssel kaputt." Mutter will ihr die Sache erklären, da kommt der Junge aus dem

Schlafzimmer und meint: „Mama, mir ist etwas Schlimmes passiert. Ich habe beim Onanieren unsere Katze erschossen!"

Mutter zur Tochter vor dem ersten Diskobesuch: „Suche Dir einen Freund, der sparsam ist, ein wenig meschugge darf er sein, doch ein Schürzenjäger kommt nicht in Frage." Am nächsten Morgen erzählt die Tochter stolz: „Mutter, ich habe so einen Freund gefunden. Er ist sparsam, denn er hat nur ein Einbettzimmer genommen. Etwas meschugge ist er auch, denn er hat mir das Kopfkissen unter meinen Hintern geschoben. Ein Schürzenjäger kann er auch nicht sein, denn sein Schniedlewutz war noch in Folie verpackt!"

Eine Frau kommt in den Bäckerladen: „Haben Sie frische Brötchen?" - „Nein wir haben nur noch welche von gestern." - „Ich wollte aber welche von heute." - „Da müssen Sie morgen wiederkommen!"

Ein katholischer Priester und seine Haushälterin werden in den Bergen von einem Schneesturm überrascht. Sie müssen in einer Schutzhütte übernachten. Es gibt nur ein Bett, in dem er mit seiner Haushälterin zusammen schlafen muss. Sie geht noch einmal vor die Tür und der Priester beobachtet, wie sie sich Schnee in ihren Schoß steckt. Auf seine diesbezügliche Frage antwortet die Haushälterin: „Ich habe nur meine heißen Gefühle wegen des Zölibats abgekühlt." Daraufhin wickelte der Priester seinen Rosenkranz um sein bestes Stück und meinte dabei: „Nun, dann werde ich mir schon mal die Schneeketten auflegen!"

Auf einer kurvenreichen Serpentinenstraße in Kärnten fährt ein Mann mit seinem Auto. In einer Kurve kommt ihm eine Frau am Steuer entgegen. Auf gleicher Höhe brüllt sie aus dem Wagenfenster: „Schwein!" Darauf er empört zurück: „Unverschämtheit!" und kracht nach der nächsten Kurve in ein großes Wildschwein, das mitten auf der Straße steht.

Elke und Bernd haben Ehekrach. Elke schreit Bernd in ihrer Wut an: „Hör jetzt auf, sonst weckst Du das Tier in mir." Darauf er zurück: „Oh, mach ruhig. Ich mag Ziegen gern!"

Eine feine Dame schaut lächelnd in den Kinderwagen einer jungen Mutter und meint: „Ein süßes Kind. Das sieht ja aus wie geleckt." Die Mutter empört: „Unverschämtheit! Mein Kind wurde auf normalem Wege gezeugt!"

Justin kommt in die Küche gelaufen und ruft: „Mama, bei unserem Dienstmädchen liegt ein fremder Mann im Bett!" Die Mutter: „Das wird ja immer schöner." Darauf der Junge: „April, April! Es ist gar kein fremder Mann. Es ist Papa!"

Er bringt sie nach der Disko nach Hause und fragt: „Hättest Du noch Lust auf ein Glas Wein bei mir?" Sie erwidert: „Nein danke. Gegen ein bisschen Sex hätte ich ja nichts einzuwenden gehabt, aber Alkohol trinke ich nie!"

Beim Tanzabend hat sich Peter eine heiße Braut geangelt und säuselt ihr ins Ohr: „Wenn ich jetzt den Reißverschluss deines Kleides öffne, würdest Du dann um Hilfe rufen?" Sie antwortet: „Wieso? Glaubst Du, dass Du das allein nicht packst?!"

Der gestresste Ehemann kommt aus dem Büro nach Hause und fragt rationell in Richtung Küche: „Hast Du deine Tage bekommen? Wie geht es Dir? Wo sind die Kinder?" Seine Frau beendet die Konversation des Abends genau so knapp: „Ja! Gut! Im Jugendknast!"

✦

Die Mutter zu ihrer 15-jährigen Tochter: „Du treibst dich jeden Abend mit anderen Jungs herum, aber den 30. Geburtstag deiner Mutter hast du vergessen. Das nimmt noch einmal ein schlimmes Ende mit Dir!"

✦

Nach der Hochzeitsnacht gesteht er ihr: „Ich will ganz ehrlich sein, du bist nicht meine erste Frau im Leben." Sie darauf empört: „So, wie du dich heute Nacht angestellt hast, glaube ich, du lügst!"

✦

Lucie im Vertrauen zu ihrer Freundin: „Immer, wenn ich niesen muss, bekomme ich einen Orgasmus." - „Geil - und was nimmst du?" - „Pfeffer, massenhaft Pfeffer!"

✦

Alfred hat eine kesse Blondine nach der Betriebsfeier im Arm und haucht ihr schmeichelnd ins Ohr: „Ich liebe Dich Blondi. Liebst Du mich auch?" Sie antwortet lächelnd: „Ja Schatz, Dich auch!"

✦

Der Chef zu seiner Sekretärin: „Würden Sie etwa einen vollkommenen Idioten heiraten, nur weil er viel Geld hat?" Sie darauf: „Wie viel Geld haben Sie denn, Chef?!"

✦

Eine Blondine zum Bademeister: „Muss ich jetzt wirklich ertrinken, wenn sie den Finger da unten rausnehmen?"

✦

Eine Touristin fragt nach einer Pilzwanderung den Wirt in einer Pension: „Gibt es hier im Ort einen Pilzberater?" Der Wirt antwortet: „Ja, den gibt es schon. Den können Sie gar nicht verfehlen. Er hat neben seinem Haus sogar einen eigenen Werksfriedhof."

Die pubertäre Tochter zur Mutter nach dem ersten Date: „Mama, kommen die Kinder bei der Geburt dort heraus, wo sie hineingekommen sind?" Die Mutter: „Ja, wieso?" „Das ist doof, dann kann ich ja während der Geburt gar nicht sprechen."

Ein fieser, selbstsüchtiger und unbeliebter Millionär liegt auf dem Sterbebett und haucht seiner Frau zu: „Was soll denn aus Dir werden, wenn ich nicht mehr bin?" Darauf sie emotionslos: „Mach Dir da mal keine Sorgen. Jetzt stirb erst mal und dann sehen wir weiter."

Ein einäugiger Cowboy wird mit seinen Kumpels in eine Schießerei im Saloon verwickelt. Dabei schießt man ihm sein verbliebenes Auge aus. Im Vollrausch brüllt er begeistert: „Richtig Jungs! Immer zuerst auf die Lampen schießen!"

Klein Paulchen bleibt bei Oma, weil seine Mutter zur Entbindung seines Schwesterchens ins Krankenhaus eingeliefert wurde. Auf seine diesbezüglichen Nachfragen meint Oma genervt: „Deine Mama ist im Krankenhaus, weil ihr der Storch ins Bein gebissen hat." Darauf der kleine Paul: „Das ist natürlich gefährlich, gerade jetzt vor der Niederkunft."

Eine ehemalige Prostituierte zu ihrer Tochter, die zum ersten Mal in die Disko geht: „Damit das klar ist: Wenn du um zwölf noch nicht im Bett bist, kommst du nach Hause."

Im Handel, sowie unter >>www.verlag-rh.de<< erhältlich:

Der Kalbschläger - Ein Mundarthörbuch

Jürgen Hermann liest die neun schönsten Geschichten aus dem ersten Band von >>Erlebtes und Erlauschtes aus dem Erzgebirge<< Ein witziges Mundarthörbuch für die ganze Familie.

ISBN 978-3-940860-00-2

Audio-CD   Spielzeit ca. 71 min.

Erlebtes und Erlauschtes aus dem Erzgebirge Band II

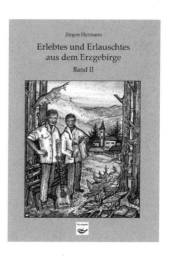

Dieses Buch ist der lang erwartete Nachfolger von Jürgen Hermanns Geschichtensammlung »Erlebtes und Erlauschtes aus dem Erzgebirge«.
In 24 heiteren Mundartgeschichten berichtet er wieder von allerhand kuriosen Erlebnissen und witzigen Begebenheiten aus dem Erzgebirge.
Wie schon in Band I folgt allen Mundartgeschichten jeweils eine Übertragung ins Hochdeutsche.
Die farbigen Illustrationen steuerte erneut der Beierfelder Maler und Karikaturist Dietmar Weber bei.

ISBN 978-3-940860-02-6
164 Seiten   11,50 EUR

Erlebtes und Erlauschtes aus dem Erzgebirge Band I

Der erste Band der Sammlung erzgebirgischer Geschichten, Lieder und Gedichte von Jürgen Hermann.
Der Musiker und Mundartautor Jürgen Hermann erzählt in 27 heiteren Geschichten von allerlei kuriosen Begebenheiten und den typischen »Originalen« aus seiner erzgebirgischen Heimat.
Ergänzt werden die Episoden durch die spitzfindigen Illustrationen des Malers und Karikaturisten Dietmar Weber.
Mit hochdeutscher Übertragung und 22 farbigen Illustrationen

ISBN 978-3-940860-01-9   (derzeit vergriffen)
164 Seiten   11,50 EUR

128

Von den Pöhlbachmusikanten bisher erschienen:

Die Pöhlbachmusikanten:
>>Die Pöhlis „leif" - Humor & Musik<<

Das Beste aus dem Live-Programm der Pöhlbachmusikanten

Audio-CD   Spielzeit ca. 72 min.

Die Pöhlbachmusikanten:
>>urig & echt Erzgebirge<<

16 echt urige Lieder von Jürgen Hermann und Gotthard Brückner

Audio-CD   Spielzeit ca. 52 min.

Die Pöhlbachmusikanten

Erzgebirgsweihnacht bei den Pöhlbachmusikanten - Weihnachtslieder mit Freunden

Audio-CD   Spielzeit ca. 40 min.

Die Pöhlbachmusikanten:
>>Hier sei mer derham!<<

Erzgebirgische Lieder von Jürgen Hermann und den Original Pöhlbachmusikanten

Audio-CD   Spielzeit ca. 40 min.

Buchung:

Jürgen Hermann - Am Sportplatz 1 - 08340 Schwarzenberg OT Pöhla
Tel. 03774/ 823941 - Fax. 03774/ 824127 - http://www.poehlbachmusikanten.de